KHALIL GIBRAN

DER PROPHET

Der Garten des Propheten

KHALIL GIBRAN

DER PROPHET

Der Garten des Propheten

Mit den Illustrationen des Autors

PETERSBERG

PETERSBERG
ist ein Imprint der

HEEL Verlag GmbH
Gut Pottscheidt
53639 Königswinter
Tel.: 02223 9230-0
Fax: 02223 9230-13
E-Mail: info@petersberg-verlag.de
www.petersberg-verlag.de

© 2023 HEEL Verlag GmbH
Petersberg Verlag ist ein Imprint der HEEL Verlag GmbH

Neuübersetzung der Originalausgaben „The Prophet" und „The Garden of the Prophet". Die Satzzeichen der wörtlichen Rede entsprechen denen der Originalausgaben.

Umschlaggestaltung: Axel Mertens, HEEL Verlag GmbH
Umschlagmotiv: © AdobeStock, Annartlab
Satz: Stefan Witterhold, HEEL Verlag GmbH
Lektorat: Julia Smith, Köln
Übersetzung: Johannes Rougnon

Printed in Czech Republic

ISBN 978-3-7553-0046-5

Inhalt

Der Prophet

Die Ankunft des Schiffes

Almustafa, der Auserwählte und Geliebte, der seiner Zeit eine Morgenröte war, hatte zwölf Jahre in der Stadt Orphalese auf sein Schiff gewartet, das zurückkehren und ihn wieder zur Insel seiner Geburt bringen sollte.

Und im zwölften Jahr, am siebten Tag des Erntemonats Elul, stieg er auf den Hügel jenseits der Stadtmauern und blickte aufs Meer; und er sah sein Schiff mit dem Nebel kommen.

Da öffneten sich die Pforten seines Herzens, und seine Freude flog weit über das Meer. Und er schloss seine Augen und betete in der Stille seiner Seele.

Doch als er den Hügel hinabstieg, überkam ihn eine Traurigkeit, und er dachte in seinem Herzen:

Wie soll ich in Frieden und ohne Kummer gehen? Nein, nicht ohne eine Wunde im Geiste werde ich diese Stadt verlassen.

Lang waren die Tage des Leids, die ich in ihren Mauern verbracht habe, und lang waren die Nächte des Alleinseins; und wer kann von seinem Leid und seinem Alleinsein ohne Bedauern scheiden?

Zu viele Splitter des Geistes habe ich in diesen Straßen verstreut, und zu zahlreich sind die Kinder meiner Sehnsucht, die nackt in diesen Hügeln wandeln, und ich kann mich ihnen nicht entziehen ohne Last und Schmerz.

Es ist kein Gewand, das ich heute abwerfe, sondern eine Haut, die ich mit meinen eigenen Händen zerreiße.

Auch ist es kein Gedanke, den ich hinter mir lasse, sondern ein Herz, gesüßt von Hunger und Durst.

Doch ich kann nicht länger verweilen.

Das Meer, das alle Dinge zu sich ruft, ruft mich, und ich muss das Schiff besteigen.

Denn bleiben hieße, auch wenn die Stunden der Nacht brennen, gefrieren und Kristall werden und in einer Form erstarren.

Gerne nähme ich alles mit, was hier ist. Doch wie könnte ich das tun?

Eine Stimme kann nicht die Zunge und die Lippen tragen, die ihr Flügel verliehen. Allein muss sie den Äther suchen.

Und allein und ohne seinen Horst wird der Adler an der Sonne vorüberfliegen.

Als er nun den Fuß des Hügels erreichte, wandte er sich wieder dem Meer zu und sah sein Schiff in den Hafen einlaufen, am Bug die Seeleute, die Männer seines eigenen Landes.

Und seine Seele rief ihnen entgegen, und er sprach:

Ihr Söhne meiner uralten Mutter, ihr Reiter der Gezeiten,

Wie oft seid ihr in meinen Träumen gesegelt. Und nun kommt ihr in meinem Wachen, das mein tieferer Traum ist.

Ich bin bereit zu gehen, und meine Ungeduld wartet mit gesetzten Segeln auf den Wind.

Nur einen Atemzug noch werde ich in dieser stillen Luft tun, nur einen liebevollen Blick noch zurückwerfen,

Und dann werde ich unter euch stehen, ein Seefahrer unter Seefahrern.

Und du, weite See, schlaflose Mutter,

Die du allein bist Frieden und Freiheit für den Fluss und den Bach,

Nur eine Windung noch wird dieser Bach machen, nur einmal noch murmeln auf dieser Lichtung,

Und dann werde ich zu dir kommen, ein grenzenloser Tropfen in einem grenzenlosen Ozean.

Und während er ging, sah er von Weitem Männer und Frauen ihre Felder und Weinberge verlassen und zu den Stadttoren eilen.

Und er hörte ihre Stimmen seinen Namen rufen und sich von Feld zu Feld einander zuschreien, um sich die Ankunft seines Schiffes mitzuteilen.

Und er sagte zu sich selbst:

Soll denn der Tag des Abschieds auch der Tag des Zusammenkommens sein?

Und soll man einst sagen, dass mein Abend in Wahrheit meine Morgenröte war?

Und was soll ich dem geben, der seinen Pflug auf halber Furche stehenließ, oder dem, der das Rad seiner Kelter anhielt?

Soll mein Herz ein Baum werden, mit Früchten beladen, die ich pflücken und ihnen geben kann?

Und soll mein Verlangen wie ein Brunnen fließen, damit ich ihre Becher füllen kann?

Bin ich eine Harfe, dass die Hand des Mächtigen mich streichen, oder eine Flöte, dass sein Atem durch mich gehen könnte?

Ein Sucher der Stille bin ich, und welchen Schatz habe ich in der Stille gefunden, den ich mit Zuversicht verteilen könnte?

Wenn dies mein Tag der Ernte ist, auf welchen Feldern habe ich die Saat gesät, und in welchen vergessenen Jahreszeiten?

Wenn dies wirklich die Stunde ist, in der ich meine Laterne hochhalte, so ist es nicht meine Flamme, die darin brennen wird.

Leer und dunkel werde ich meine Laterne erheben,

Und der Wächter der Nacht wird sie mit Öl füllen und sie auch anzünden.

Diese Dinge sagte er mit Worten. Aber vieles in seinem Herzen blieb ungesagt. Denn er selbst konnte sein tieferes Geheimnis nicht aussprechen.

Und als er die Stadt betrat, kamen ihm alle Menschen entgegen, und sie riefen ihn an wie mit einer einzigen Stimme.

Und die Ältesten der Stadt traten vor und sprachen:

Geh noch nicht fort von uns.

Ein Mittag bist du in unserer Dämmerung gewesen, und deine Jugend hat uns Träume zu träumen gegeben.

Du bist kein Fremder unter uns und auch kein Gast, sondern unser Sohn und unser innig Geliebter.

Lass nicht zu, dass unsere Augen nach deinem Antlitz hungern.

Und die Priester und die Priesterinnen sprachen zu ihm:

Lasse die Wellen des Meeres uns jetzt nicht trennen, und lasse die Jahre, die du in unserer Mitte verbracht hast, nicht zu einer bloßen Erinnerung werden.

Du bist als ein Geist unter uns gewandelt, und dein Schatten ist ein Licht auf unseren Gesichtern gewesen.

Wir haben dich sehr geliebt. Aber sprachlos war unsere Liebe, und mit Schleiern war sie verhüllt.

Doch jetzt schreit sie laut auf zu dir und möchte sich dir offenbaren.

Und seit jeher ist es so gewesen, dass die Liebe ihre eigene Tiefe nicht kennt bis zur Stunde der Trennung.

Und andere kamen auch und flehten ihn an. Aber er antwortete ihnen nicht. Er neigte nur sein Haupt; und die, die in der Nähe standen, sahen seine Tränen auf seine Brust fallen.

Und er und die Menschen begaben sich auf den großen Platz vor dem Tempel.

Und es kam aus dem Heiligtum eine Frau, die hieß Almitra. Und sie war eine Seherin.

Und er sah sie mit großer Zärtlichkeit an, denn sie war die Erste, die ihn aufgesucht und an ihn geglaubt hatte, als er gerade einen Tag in ihrer Stadt gewesen war.

Und sie grüßte ihn und sagte:

Prophet Gottes, auf der Suche nach dem Äußersten, lange hast du Ausschau nach deinem Schiff gehalten.

Und nun ist dein Schiff gekommen, und du musst gehen.

Tief ist deine Sehnsucht nach dem Land deiner Erinnerungen und der Heimat deiner größeren Wünsche; und unsere Liebe kann dich nicht binden und unsere Bedürfnisse können dich nicht halten.

Doch bitten wir dich, ehe du uns verlässt, dass du zu uns sprichst und uns von deiner Wahrheit gibst.

Und wir werden sie unseren Kindern weitergeben, und sie ihren Kindern, und sie soll nicht vergehen.

In deinem Alleinsein hast du mit unseren Tagen gewacht, und in deinem Wachen hast du dem Weinen und dem Lachen unseres Schlafes gelauscht.

So offenbare uns nun unser Selbst und erzähle uns alles, was dir gezeigt wurde von dem, was zwischen Geburt und Tod liegt.

Und er antwortete:

Menschen von Orphalese, wovon könnte ich sprechen, außer von dem, was schon jetzt eure Seelen bewegt?

Von der Liebe

Da sagte Almitra: Sprich zu uns von der Liebe.

Und er hob sein Haupt und sah auf die Menschen, und es kam eine Stille über sie. Und mit lauter Stimme sprach er:

Wenn die Liebe euch winkt, folgt ihr,

Auch wenn ihre Wege schwer und steil sind.

Und wenn ihre Flügel euch umfangen, gebt euch ihr hin,

Auch wenn das Schwert, das unter ihren Fittichen verborgen ist, euch verwunden mag.

Und wenn sie zu euch spricht, glaubt an sie,

Auch wenn ihre Stimme eure Träume zerschmettert, so wie der Nordwind den Garten verwüstet.

Denn wie die Liebe euch krönt, so wird sie euch kreuzigen. Wie sie euch wachsen lässt, so beschneidet sie euch.

So wie sie in eure Höhen aufsteigt und eure zartesten Zweige liebkost, die im Sonnenlicht zittern,

So wird sie zu euren Wurzeln hinabsteigen und sie in ihrer Erdverbundenheit erschüttern.

Wie Korngarben sammelt sie euch um sich.

Sie drischt euch, um euch zu entblößen.

Sie siebt euch, um euch von eurer Spreu zu befreien.

Sie mahlt euch, bis ihr weiß seid.

Sie knetet euch, bis ihr geschmeidig seid;

Und dann gibt sie euch in ihr heiliges Feuer, damit ihr heiliges Brot werdet für Gottes heiliges Festmahl.

All das wird die Liebe mit euch machen, damit ihr die Geheimnisse eures Herzens erkennt und in dieser Erkenntnis ein Teil vom Herz des Lebens werdet.

Wenn ihr aber in eurer Angst nur den Frieden der Liebe und die Freude der Liebe sucht,

Dann ist es besser für euch, eure Blöße zu bedecken und vom Dreschboden der Liebe fortzugehen.

In die jahreszeitlose Welt, wo ihr lachen werdet, aber nicht euer ganzes Lachen, und weinen, aber nicht all eure Tränen.

Die Liebe gibt nichts als sich selbst und nimmt nichts als von sich selbst.

Die Liebe besitzt nicht, noch lässt sie sich besitzen;

Denn die Liebe ist der Liebe genug.

Wenn ihr liebt, solltet ihr nicht sagen: »Gott ist in meinem Herzen«, sondern vielmehr: »Ich bin im Herzen Gottes.«

Und glaubt nicht, ihr könntet den Lauf der Liebe lenken, denn die Liebe, wenn sie euch für würdig hält, lenkt euren Lauf.

Die Liebe hat keinen anderen Wunsch, als sich selbst zu erfüllen.

Wenn ihr aber liebt und Wünsche haben müsst, dann lasst diese eure Wünsche sein:

Zu schmelzen und gleich einem fließenden Bach zu sein, der seine Melodie in die Nacht singt.

Den Schmerz von zu viel Zärtlichkeit zu kennen.

Verwundet zu werden durch euer eigenes Verständnis von Liebe;

Und bereitwillig und freudig zu bluten.

Im Morgengrauen mit geflügeltem Herzen zu erwachen und für einen weiteren Tag des Liebens zu danken;

In der Mittagsstunde zu ruhen und über die Verzückung der Liebe nachzusinnen;

Am Abend mit Dankbarkeit heimzukehren;

Und dann einzuschlafen mit einem Gebet für den Geliebten im Herzen und einem Loblied auf den Lippen.

Von der Ehe

Da sprach Almitra wieder und fragte: Und was ist mit der Ehe, Meister?

Und er antwortete und sagte:

Ihr wurdet zusammen geboren, und ihr werdet auf immer zusammen sein.

Ihr werdet zusammen sein, wenn die weißen Schwingen des Todes eure Tage zerstreuen.

Ja, ihr werdet sogar im stillen Gedenken Gottes zusammen sein.

Doch lasst Freiräume in eurem Beisammensein,

Und lasst die Winde des Himmels zwischen euch tanzen.

Liebt einander, aber macht die Liebe nicht zur Fessel:

Lasst sie vielmehr ein wogendes Meer zwischen den Ufern eurer Seelen sein.

Füllt euch gegenseitig den Becher, aber trinkt nicht aus einem Becher.

Gebt einander von eurem Brot, aber esst nicht von demselben Laib.

Singt und tanzt zusammen und seid fröhlich, aber lasst jeden von euch allein sein,

So wie die Saiten einer Laute allein sind, obwohl sie von derselben Musik erzittern.

Gebt eure Herzen, aber nicht in des anderen Obhut.

Denn nur die Hand des Lebens kann eure Herzen fassen.

Und steht zusammen, doch nicht zu nah beieinander:

Denn die Säulen des Tempels stehen für sich,

Und die Eiche und die Zypresse wachsen nicht im Schatten der anderen.

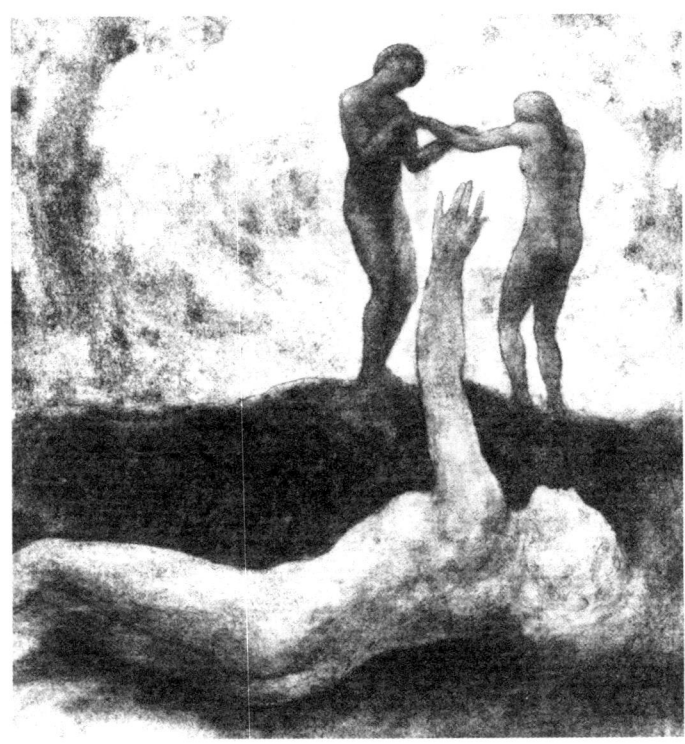

Von den Kindern

Und eine Frau, die einen Säugling an ihrer Brust hielt, sagte: Sprich zu uns von den Kindern.

Und er sprach:

Eure Kinder sind nicht eure Kinder.

Sie sind die Söhne und Töchter der Sehnsucht des Lebens nach sich selbst.

Sie kommen durch euch, aber nicht von euch,

Und obwohl sie bei euch sind, gehören sie euch nicht.

Ihr dürft ihnen eure Liebe geben, aber nicht eure Gedanken,

Denn sie haben ihre eigenen Gedanken.

Ihr dürft ihren Körpern ein Haus geben, aber nicht ihren Seelen,

Denn ihre Seelen wohnen im Haus von morgen, das ihr nicht besuchen könnt, nicht einmal in euren Träumen.

Ihr dürft danach streben, wie sie zu sein, aber versucht nicht, sie euch gleich zu machen.

Denn das Leben geht nicht rückwärts, noch verweilt es im Gestern.

Ihr seid die Bogen, von denen eure Kinder als lebendige Pfeile ausgeschickt werden.

Der Schütze sieht das Ziel auf dem Pfad des Unendlichen, und Er beugt euch mit Seiner Macht, damit Seine Pfeile schnell und weit fliegen.

Freut euch über die Beugung durch die Hand des Bogenschützen;

Denn so wie Er den Pfeil liebt, der fliegt, so liebt Er auch den Bogen, der gefestigt ist.

Vom Geben

Dann sagte ein reicher Mann: Sprich zu uns vom Geben.

Und er antwortete:

Ihr gebt nur wenig, wenn ihr von eurem Besitz gebt.

Erst wenn ihr von euch selbst gebt, gebt ihr wirklich.

Denn was ist euer Besitz anderes als Dinge, die ihr aufbewahrt und hütet, aus Furcht, ihr könntet sie morgen brauchen?

Und morgen, was wird das Morgen dem übervorsichtigen Hund bringen, der seine Knochen im spurlosen Sand vergräbt, während er den Pilgern zur heiligen Stadt folgt?

Und was ist die Angst vor der Not anderes als Not?

Ist nicht die Furcht vor Durst, wenn euer Brunnen voll ist, der Durst, der unlöschbar ist?

Es gibt jene, die von dem Vielen, das sie haben, wenig geben – und sie geben es um der Anerkennung willen, und ihr verborgener Wunsch macht ihre Gaben unheilsam.

Und es gibt jene, die wenig haben und alles geben.

Das sind diejenigen, die an das Leben und des Lebens Fülle glauben, und ihre Truhe ist nie leer.

Es gibt jene, die mit Freude geben, und diese Freude ist ihr Lohn.

Und es gibt jene, die unter Schmerzen geben, und dieser Schmerz ist ihre Taufe.

Und es gibt jene, die geben und keinen Schmerz beim Geben kennen, weder streben sie dabei nach Freude, noch geben sie um der Tugend willen;

Sie geben, wie die Myrte im Tal dort drüben ihren Duft verströmt.

Durch solcher Menschen Hände spricht Gott, und aus ihren Augen lächelt Er auf die Welt.

Es ist gut, zu geben, wenn man darum gebeten wird, aber es ist besser, ungebeten zu geben aus Einsicht.

Und für den Freigebigen ist die Suche nach einem, der empfangen soll, eine größere Freude als das Geben.

Und gibt es etwas, das ihr für euch behalten möchtet?

Alles, was ihr habt, wird eines Tages fortgegeben werden;

Darum gebt jetzt, damit die Zeit des Gebens eure ist und nicht die eurer Erben.

Ihr sagt oft: »Ich würde geben, aber nur dem, der es verdient.«

Die Bäume in eurem Obstgarten reden nicht so, auch nicht die Herden auf eurer Weide.

Sie geben, damit sie leben können, denn wer nicht gibt, geht zugrunde.

Wer würdig ist, seine Tage und seine Nächte zu empfangen, der ist doch wohl auch alles anderen von euch würdig.

Und wer es verdient hat, vom Meer des Lebens zu trinken, verdient auch, seinen Becher an eurem Bächlein zu füllen.

Und welch größeres Verdienst könnte es geben als das, welches im Mut und im Vertrauen, ja in der Barmherzigkeit des Empfangens liegt?

Und wer bist du, dass die Menschen sich die Brust zerreißen und ihren Stolz entblößen sollten, damit du ihren Wert nackt und ihren Stolz unverhüllt sehen kannst?

Sieh erst zu, dass du selbst verdienst, ein Gebender und ein Werkzeug des Gebens zu sein.

Denn in Wahrheit ist es das Leben, das dem Leben gibt – während du, der du dich für einen Gebenden hältst, nur ein Zeuge bist.

Und ihr, die ihr empfangt – und ihr seid alle Empfangende –, bürdet euch keine Dankbarkeit auf, damit ihr euch und dem Gebenden kein Joch auferlegt.

Schwingt euch lieber zusammen mit dem Gebenden auf seinen Gaben auf wie auf Flügeln;

Denn seid ihr euch eurer Schuld zu sehr bewusst, zweifelt ihr an seiner Großzügigkeit, welche die freiherzige Erde zur Mutter und Gott zum Vater hat.

Vom Essen und Trinken

Da sagte ein alter Mann, ein Gastwirt: Sprich zu uns vom Essen und Trinken.

Und er sprach:

Könntet ihr nur vom Duft der Erde leben und wie eine Luftpflanze vom Licht erhalten werden!

Aber da ihr töten müsst, um zu essen, und das Neugeborene seiner Muttermilch berauben müsst, um euren Durst zu stillen, so lasst es eine andächtige Handlung sein,

Und lasst eure Tafel einen Altar sein, auf dem das Reine und Unschuldige von Wald und Weide dem geopfert werden, was im Menschen noch reiner und unschuldiger ist.

Wenn ihr ein Tier tötet, sprecht zu ihm in eurem Herzen:

»Durch dieselbe Macht, die dich tötet, werde auch ich getötet, und auch ich werde verzehrt werden.

Denn das Gesetz, das dich in meine Hand gegeben hat, wird mich in eine mächtigere Hand geben.

Dein Blut und mein Blut ist nichts als der Saft, der den Baum des Himmels nährt.«

Und wenn ihr mit den Zähnen einen Apfel zermalmt, dann sprecht in eurem Herzen zu ihm:

»Deine Samen werden in meinem Körper leben,
Und die Knospen deines Morgens werden in meinem Herzen erblühen,
Und dein Duft wird mein Atem sein,
Und gemeinsam werden wir uns an allen Jahreszeiten erfreuen.«

Und im Herbst, wenn ihr die Trauben eurer Weinberge für die Kelter lest, sprecht in eurem Herzen:
»Auch ich bin ein Weinberg, und meine Früchte werden für die Kelter gelesen werden,
Und wie neuer Wein werde ich in ewigen Gefäßen aufbewahrt werden.«
Und im Winter, wenn ihr den Wein ausschenkt, lasst in eurem Herzen für jeden Becher ein Lied erklingen;
Und im Lied sei die Erinnerung an die Herbsttage und an den Weinberg und an die Kelter.

Von der Arbeit

Da sagte ein Pflüger: Sprich zu uns von der Arbeit.

Und er antwortete und sprach:

Ihr arbeitet, um mit der Erde und der Seele der Erde Schritt halten zu können.

Denn müßig sein bedeutet, den Jahreszeiten fremd zu werden und auszuscheren aus dem Lauf des Lebens, das majestätisch und in stolzer Ergebung dem Unendlichen entgegenschreitet.

Wenn ihr arbeitet, seid ihr eine Flöte, durch deren Herz sich das Flüstern der Stunden in Musik verwandelt.

Wer von euch wäre gern ein Schilfrohr, stumm und schweigsam, wenn alles andere im Gleichklang singt?

Immer hat man euch gesagt, Arbeit sei ein Fluch und Mühsal ein Unglück.

Aber ich sage euch, wenn ihr arbeitet, erfüllt ihr einen Teil des kühnsten Traums der Erde, der euch bei der Geburt dieses Traums anvertraut wurde,

Und indem ihr Mühsal auf euch nehmt, liebt ihr wahrhaft das Leben,

Und das Leben durch die Arbeit zu lieben, heißt, mit dem innersten Geheimnis des Lebens vertraut zu sein.

Aber wenn ihr in eurem Schmerz die Geburt eine Qual nennt und die Erhaltung des Fleisches einen Fluch, der euch auf der Stirn geschrieben steht, dann antworte ich, dass nichts als der Schweiß eurer Stirn das abwaschen wird, was geschrieben steht.

Man hat euch auch gesagt, das Leben sei Finsternis, und in eurer Erschöpfung sprecht ihr nach, was die Erschöpften gesagt haben.

Und ich sage, das Leben ist in der Tat Dunkelheit, wenn es keinen Antrieb gibt,

Und aller Antrieb ist blind, wenn es kein Wissen gibt,

Und alles Wissen ist vergeblich, wenn es keine Arbeit gibt,

Und alle Arbeit ist leer, wenn es keine Liebe gibt;

Und wenn ihr mit Liebe arbeitet, verbindet ihr euch mit euch selbst, miteinander und mit Gott.

Und was bedeutet, mit Liebe zu arbeiten?

Es bedeutet, den Stoff aus Fäden zu weben, die aus eurem Herzen gezogen sind, als solle euer Geliebter diesen Stoff tragen.

Es bedeutet, ein Haus mit Zuneigung zu bauen, als solle eure Geliebte darin wohnen.

Es bedeutet, die Saat mit Zärtlichkeit zu säen und die Ernte mit Freude einzubringen, als solle euer Geliebter die Früchte essen.

Es bedeutet, allem, was ihr gestaltet, etwas von eurem eigenen Geist einzuhauchen,

Und zu wissen, dass alle seligen Toten um euch stehen und zusehen.

Oft habe ich euch sagen hören, als sprächt ihr im Schlaf: »Wer mit Marmor arbeitet und die Form seiner eigenen Seele im Stein findet, ist edler als derjenige, der den Boden pflügt.

Und wer den Regenbogen ergreift, um ihn auf einer Leinwand zum Ebenbild des Menschen zu machen, ist edler als derjenige, der die Sandalen für unsere Füße fertigt.«

Aber ich sage nicht im Schlaf, sondern in der Überwachheit des Mittags, dass der Wind zu den riesigen Eichen nicht süßer spricht als zu dem kleinsten aller Grashalme;

Und der allein ist groß, der die Stimme des Windes in ein Lied verwandelt, das durch seine eigene Liebe noch süßer wird.

Arbeit ist sichtbar gemachte Liebe.

Und wenn ihr nicht mit Liebe, sondern nur mit Widerwillen arbeiten könnt, dann ist es besser, ihr lasst eure Arbeit liegen und setzt euch an das Tor des Tempels und nehmt Almosen von denen, die mit Freude arbeiten.

Denn wenn ihr mit Gleichgültigkeit Brot backt, backt ihr ein bitteres Brot, das den Hunger des Menschen nur zur Hälfte stillt.

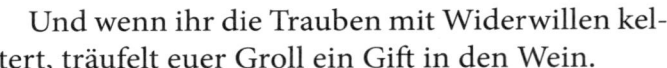

Und wenn ihr die Trauben mit Widerwillen keltert, träufelt euer Groll ein Gift in den Wein.

Und wenn ihr singt wie die Engel, aber das Singen nicht liebt, verstopft ihr den Menschen die Ohren für die Stimmen des Tages und die Stimmen der Nacht.

Von der Freude und vom Leid

Da sagte eine Frau: Sprich zu uns von der Freude und vom Leid.

Und er antwortete:

Eure Freude ist euer unverhülltes Leid.

Und derselbe Brunnen, aus dem euer Lachen entspringt, war oft mit euren Tränen gefüllt.

Und wie könnte es auch anders sein?

Je tiefer sich das Leid in euer Wesen gräbt, desto mehr Freude könnt ihr fassen.

Ist nicht der Becher, der euren Wein enthält, derselbe Becher, der im Töpferofen gebrannt wurde?

Und ist nicht die Laute, die euren Geist besänftigt, dasselbe Holz, das mit Messern ausgehöhlt wurde?

Wenn ihr fröhlich seid, schaut tief in euer Herz und ihr werdet erkennen, dass nur das, was euch Leid bereitete, euch Freude gibt.

Wenn ihr traurig seid, schaut noch einmal in euer Herz, und ihr werdet sehen, dass ihr in Wahrheit um das weint, was eure Freude war.

Einige von euch sagen: »Die Freude ist größer als das Leid«, und andere sagen: »Nein, das Leid ist größer.«

Ich aber sage euch: Sie sind untrennbar.

Sie kommen zusammen, und wenn das eine mit euch allein an eurer Tafel sitzt, denkt daran, dass das andere auf eurem Bett schläft.

Wahrlich, ihr hängt wie eine Waage zwischen eurem Leid und eurer Freude.

Nur wenn ihr leer seid, steht ihr still und seid im Gleichgewicht.

Wenn der Schatzmeister euch hebt, um sein Gold und sein Silber zu wiegen, muss eure Freude oder euer Leid steigen oder fallen.

Von den Häusern

Da trat ein Steinmetz vor und sagte: Sprich zu uns von den Häusern.

Und er antwortete und sprach: Baut aus euren Vorstellungen eine Laube in der Wildnis, ehe ihr ein Haus innerhalb der Stadtmauern baut.

Denn so wie ihr in eurer Dämmerung heimkehrt, kehrt auch der Wanderer in euch heim, der ewig Ferne und Einsame.

Euer Haus ist euer größerer Körper.

Es wächst in der Sonne und schläft in der Stille der Nacht; und es ist nicht traumlos. Träumt euer Haus nicht? Und verlässt es nicht träumend die Stadt für einen Hain oder einen Hügel?

Könnte ich doch eure Häuser in meiner Hand sammeln und sie wie ein Sämann über Wald und Flur ausstreuen!

Wären doch die Täler eure Straßen und die grünen Wege eure Gassen, dass ihr einander in den Weinbergen suchen und mit dem Duft der Erde in euren Kleidern heimkehren könntet!

Aber das alles soll noch nicht sein.

In ihrer Furcht haben eure Vorväter euch zu nahe zusammengedrängt. Und diese Furcht wird noch ein wenig andauern. Noch ein wenig länger werden eure Stadtmauern eure Herdstätten von euren Feldern trennen.

Und sagt mir, Leute von Orphalese, was habt ihr in diesen Häusern? Und was ist es, das ihr mit verschlossenen Türen bewacht?

Habt ihr Frieden, den stillen Drang, der eure Kraft offenbart?

Habt ihr Erinnerungen, die schimmernden Bogen, die die Gipfel des Geistes überspannen?

Habt ihr die Schönheit, die das Herz von Dingen aus Holz und Stein zum heiligen Berg führt?

Sagt mir, habt ihr diese Dinge in euren Häusern?

Oder habt ihr nur Bequemlichkeit und das Verlangen nach Bequemlichkeit, diesem verstohlenen Ding, das als Gast ins Haus kommt und dann zum Gastgeber und dann zum Herrn wird?

Ja, und sie wird zur Bändigerin und macht mit Haken und Geißel Marionetten aus euren größeren Wünschen.

Obwohl ihre Hände aus Seide sind, ist ihr Herz aus Eisen.

Sie wiegt euch in den Schlaf, nur um an eurem Bett zu stehen und die Würde des Fleisches zu verhöhnen.

Sie verspottet euren gesunden Verstand und legt ihn in Distelwolle, wie ein zerbrechliches Gefäß.

Wahrlich, das Verlangen nach Bequemlichkeit tötet die Leidenschaft der Seele und folgt dann grinsend dem Trauerzug.

Ihr aber, Kinder der Weite, ihr ruhenden Rastlosen, ihr sollt nicht gefangen oder gebändigt werden.

Euer Haus soll kein Anker, sondern ein Mast sein.

Es soll kein schimmerndes Häutchen sein, das eine Wunde bedeckt, sondern ein Augenlid, das das Auge behütet.

Ihr sollt eure Flügel nicht falten, um durch Türen zu kommen, noch eure Häupter beugen, um nicht an die Decke zu stoßen, noch fürchten zu atmen, damit die Wände nicht brechen und einstürzen.

Ihr sollt nicht in Gräbern wohnen, die die Toten für die Lebenden gemacht haben.

Und obwohl euer Haus prächtig und prunkvoll ist, soll es weder euer Geheimnis hüten noch eure Sehnsucht beherbergen.

Denn das, was in euch grenzenlos ist, wohnt im Himmelspalast, dessen Tür der Morgennebel ist und dessen Fenster die Lieder und die Stille der Nacht sind.

Von den Kleidern

Und der Weber sagte: Sprich zu uns von den Kleidern.

Und er antwortete:

Eure Kleider verdecken viel von eurer Schönheit, doch sie verbergen nicht das Unschöne.

Und obwohl ihr in der Kleidung den Freiraum des Privaten sucht, könntet ihr in ihr einen Harnisch und eine Kette finden.

Könntet ihr doch der Sonne und dem Wind mit mehr von eurer Haut und weniger von eurer Kleidung begegnen,

Denn der Atem des Lebens ist im Sonnenlicht und die Hand des Lebens ist im Wind.

Einige von euch sagen: »Der Nordwind hat die Kleider gewebt, die wir tragen.«

Und ich sage: Ja, es war der Nordwind,

Doch die Scham war sein Webstuhl, und die Erschlaffung der Sehnen war sein Faden.

Und als sein Werk getan war, lachte er im Wald.

Vergesst nicht, die Schamhaftigkeit ist nichts als ein Schild gegen das Auge des Unreinen.

Und ist erst das Unreine nicht mehr, was wäre die Schamhaftigkeit dann anderes als eine Fessel und eine Trübung des Geistes?

Und vergesst nicht, dass es die Erde freut, eure

nackten Füße zu spüren, und die Winde sich danach sehnen, mit eurem Haar zu spielen.

Vom Kaufen und Verkaufen

Und ein Kaufmann sagte: Sprich zu uns vom Kaufen und Verkaufen.

Und er antwortete und sprach:

Die Erde schenkt euch ihre Früchte, und es wird euch an nichts mangeln, wenn ihr nur zuzugreifen wisst.

Durch Tauschen der Gaben der Erde werdet ihr Überfluss finden und gesättigt sein.

Doch wenn das Tauschen nicht in Liebe und freundlicher Gerechtigkeit geschieht, wird es nur bei den einen zur Gier und bei den anderen zu Hunger führen.

Wenn ihr Arbeiter des Meeres, der Felder und der Weinberge auf dem Marktplatz den Webern, den Töpfern und den Gewürzsammlern begegnet,

Ruft dann den höchsten Geist der Erde an, in eure Mitte zu kommen und die Waagschalen und die Rechnungen zu segnen, die Wert gegen Wert abwägen.

Und duldet nicht, dass jene mit leeren Händen, die ihre Worte für eure Arbeit verkaufen wollen, an euren Geschäften teilhaben.

Zu solchen Menschen solltet ihr sagen:

»Kommt mit uns aufs Feld oder fahrt mit unseren Brüdern aufs Meer hinaus und werft euer Netz aus;

Denn das Land und das Meer werden euch ebenso reich beschenken wie uns.«

Und wenn die Sänger und die Tänzer und die Flötenspieler kommen, kauft auch von ihren Gaben.

Denn auch sie sind Sammler von Früchten und Weihrauch, und was sie bringen, obgleich aus Träumen gemacht, ist Kleidung und Nahrung für eure Seele.

Und bevor ihr den Marktplatz verlasst, seht zu, dass niemand mit leeren Händen seines Weges gegangen ist.

Denn der höchste Geist der Erde wird nicht friedlich auf dem Wind ruhen, bis die Bedürfnisse auch des Geringsten unter euch befriedigt sind.

Von Verbrechen und Strafe

Da trat einer der Richter der Stadt vor und sagte: Sprich zu uns von Verbrechen und Strafe.

Und er antwortete und sprach:

Wenn euer Geist mit dem Wind wandert,

Begeht ihr, allein und unbewacht, ein Unrecht an anderen und damit an euch selbst.

Und für dieses begangene Unrecht müsst ihr am Tor der Seligen anklopfen und eine Weile unerhört warten.

Wie der Ozean ist euer göttliches Selbst;

Es bleibt auf ewig rein.

Und wie der Äther trägt es nur die Beflügelten.

Auch wie die Sonne ist euer göttliches Selbst;

Es kennt nicht die Wege des Maulwurfs noch sucht es die Löcher der Schlange.

Doch nicht nur euer göttliches Selbst wohnt in eurem Wesen.

Vieles in euch ist noch Mensch, und vieles in euch ist noch nicht Mensch,

Sondern ein formloser Zwerg, der im Nebel schlafwandelt auf der Suche nach seinem eigenen Erwachen.

Und von dem Menschen in euch möchte ich nun sprechen.

Denn er ist es, und nicht euer göttliches Selbst und auch nicht der Zwerg im Nebel, der vom Verbrechen und von der Strafe für das Verbrechen weiß.

Oft habe ich euch von einem, der ein Unrecht begeht, sprechen hören, als sei er nicht einer von euch, sondern ein Fremder und ein Eindringling in eure Welt.

Aber ich sage: So wie der Heilige und der Gerechte sich nicht über das Höchste erheben können, das in jedem von euch ist,

So können auch der Böse und der Schwache nicht tiefer fallen als bis zum Tiefsten, das ebenfalls in euch ist.

Und so wie ein einzelnes Blatt nicht gelb wird ohne das stille Wissen des ganzen Baumes,

So kann der Übeltäter ohne den verborgenen Willen von euch allen kein Unrecht tun.

Wie eine Prozession schreitet ihr gemeinsam eurem göttlichen Selbst entgegen.

Ihr seid der Weg und die Wanderer.

Und wenn einer von euch fällt, fällt er für die hinter ihm, zur Warnung vor dem Stolperstein.

Ja, und er fällt für die vor ihm, die zwar schneller und trittsicherer sind, aber den Stein des Anstoßes nicht beseitigt haben.

Und noch dies, mögen die Worte auch schwer auf eurem Herzen liegen:

Der Ermordete ist nicht frei von Verantwortung für seine Ermordung,

Und der Beraubte ist nicht schuldlos, wenn er beraubt wird.

Der Rechtschaffene ist nicht unschuldig an den Taten des Bösen,

Und die saubere Hand bleibt von den Taten des Missetäters nicht unbefleckt.

Ja, oft ist der Schuldige das Opfer des Geschädigten,

Und noch öfter trägt der Verurteilte die Bürde des Schuldlosen und Unbescholtenen.

Ihr könnt die Gerechten nicht von den Ungerechten und die Guten nicht von den Bösen trennen;

Denn sie stehen zusammen vor dem Angesicht der Sonne, so wie der schwarze Faden und der weiße Faden miteinander verwoben sind.

Und wenn der schwarze Faden reißt, wird der Weber das ganze Gewebe prüfen, und er wird auch den Webstuhl untersuchen.

Wenn einer von euch die untreue Ehefrau richten will,

Dann soll er auch das Herz ihres Mannes in die Waagschale legen und seine Seele mit gleichem Maß messen.

Und wer den Beleidiger auspeitschen will, der erforsche den Geist des Beleidigten.

Und wenn einer von euch im Namen der Gerechtigkeit strafen und die Axt an den Baum des

Bösen legen will, soll er ihn bis zu den Wurzeln prüfen;

Und wahrlich, er wird die Wurzeln des Guten und des Bösen, des Fruchtbaren und des Unfruchtbaren finden, alle ineinander verflochten im stillen Herzen der Erde.

Und ihr Richter, die ihr gerecht sein wollt,

Welches Urteil fällt ihr über den, der zwar ehrlich im Fleisch, aber ein Dieb im Geist ist?

Welche Strafe legt ihr dem auf, der im Fleisch tötet, aber selbst im Geist getötet wird?

Und wie richtet ihr den, der in seinen Handlungen ein Betrüger und Unterdrücker ist,

Der aber auch gekränkt und beleidigt wird?

Und wie wollt ihr die bestrafen, deren Reue schon größer ist als ihre Untaten?

Ist nicht die Reue das Recht, das durch jenes Gesetz gesprochen wird, dem ihr gerne dienen möchtet?

Doch weder könnt ihr die Reue dem Unschuldigen auferlegen noch sie vom Herzen des Schuldigen nehmen.

Ungebeten läutet sie in der Nacht, damit die Menschen erwachen und sich selbst betrachten.

Und ihr, die ihr die Gerechtigkeit verstehen wollt, wie könntet ihr, wenn ihr nicht alle Taten bei hellstem Licht betrachtet?

Erst dann werdet ihr verstehen, dass der Aufrechte und der Gefallene ein und derselbe Mensch sind, der in der Dämmerung zwischen der Nacht seines Zwergen-Ichs und dem Tag seines göttlichen Ichs steht,

Und dass der Schlussstein des Tempels nicht höher ist als der unterste Stein in seinem Fundament.

Von den Gesetzen

Da sagte ein Rechtsgelehrter: Aber was ist mit unseren Gesetzen, Meister?

Und er antwortete:

Ihr habt Freude daran, Gesetze zu erlassen,

Doch noch mehr Freude habt ihr daran, sie zu brechen.

Wie Kinder, die am Meer spielen und mit Ausdauer Sandburgen bauen und sie dann lachend zerstören.

Doch während ihr eure Sandburgen baut, bringt das Meer mehr Sand an den Strand,

Und wenn ihr sie zerstört, lacht der Ozean mit euch.

Wahrlich, der Ozean lacht immer mit den Unschuldigen.

Doch was ist mit denen, für die das Leben kein Ozean ist und die von Menschen gemachten Gesetze keine Sandburgen sind,

Sondern für die das Leben ein Fels ist und das Gesetz ein Meißel, mit dem sie es nach ihrem Ebenbild formen möchten?

Was ist mit dem Krüppel, der die Tänzer hasst?

Was ist mit dem Ochsen, der sein Joch liebt und den Elch und das Wild des Waldes für streunende und heimatlose Wesen hält?

Was ist mit der alten Schlange, die ihre Haut

nicht abstreifen kann und alle anderen nackt und schamlos nennt?

Und was ist mit dem, der als Erster zum Hochzeitsfest kommt und, sobald übersättigt und müde, seines Weges geht und sagt, jedes Fest sei Frevel und jeder Feiernde ein Gesetzesbrecher?

Was soll ich von all diesen sagen, außer dass auch sie im Sonnenlicht stehen, aber mit dem Rücken zur Sonne?

Sie sehen nur ihre Schatten, und ihre Schatten sind ihre Gesetze.

Und was ist die Sonne für sie mehr als eine Schattenwerferin?

Und was bedeutet die Befolgung der Gesetze für sie anderes, als sich zu bücken und ihre Schatten auf der Erde nachzuzeichnen?

Ihr aber, die ihr der Sonne entgegengeht, welche auf die Erde gezeichneten Bilder könnten euch aufhalten?

Ihr, die ihr mit dem Wind reist, welche Wetterfahne sollte euren Kurs bestimmen?

Welches Menschengesetz sollte euch binden, wenn ihr euer Joch zerbrecht, doch vor niemandes Kerkertür?

Welche Gesetze solltet ihr fürchten, wenn ihr tanzt, aber über niemandes eiserne Ketten stolpert?

Und wer sollte über euch richten, wenn ihr euer

Gewand herunterreißt, es aber niemandem in den Weg legt?

Leute von Orphalese, ihr könnt die Trommel dämpfen und die Saiten der Leier lockern, aber wer wird der Lerche das Singen verbieten?

Von der Freiheit

Und ein Redner sagte: Sprich zu uns von der Freiheit.

Und er antwortete:

Am Stadttor und an eurem Feuer habe ich euch unterwürfig eure eigene Freiheit anbeten sehen,

So wie Sklaven sich vor einem Tyrannen demütigen und ihn preisen, obwohl er sie tötet.

Ja, im Hain des Tempels und im Schatten der Zitadelle habe ich die Freiesten unter euch ihre Freiheit wie ein Joch und Handschellen tragen sehen.

Und das Herz blutete mir; denn ihr könnt nur frei sein, wenn selbst der Wunsch, nach Freiheit zu streben, für euch zu einer Fessel wird und ihr aufhört, von der Freiheit als Ziel und Erfüllung zu sprechen.

Ihr werdet nicht wirklich frei sein, wenn eure Tage ohne Sorge sind und eure Nächte ohne Mangel und Kummer,

Sondern wenn diese Dinge euer Leben umfassen und ihr euch dennoch nackt und ungebunden über sie erhebt.

Und wie solltet ihr euch über eure Tage und Nächte erheben, wenn ihr nicht die Ketten sprengt, die ihr im Morgengrauen eurer Vernunft um eure Mittagsstunde geschlungen habt?

In Wahrheit ist das, was ihr Freiheit nennt, die stärkste dieser Ketten, auch wenn ihre Glieder in der Sonne glitzern und eure Augen blenden.

Und was sind es anderes als Bruchstücke eures eigenen Selbst, die ihr ablegen wollt, um frei zu werden?

Ist es ein ungerechtes Gesetz, das ihr abschaffen wollt, so wurde dieses Gesetz von eurer eigenen Hand auf eure eigene Stirn geschrieben.

Ihr könnt es nicht auslöschen, indem ihr eure Gesetzesbücher verbrennt oder die Stirnen eurer Richter wascht, würdet ihr auch das Meer über sie gießen.

Und wenn ihr einen Despoten entthronen wollt, sorgt erst dafür, dass sein Thron, den ihr ihm in euch errichtet habt, zerstört wird.

Denn wie kann ein Tyrann die Freien und Stolzen beherrschen, außer durch eine Tyrannei in ihrer eigenen Freiheit und eine Beschämung in ihrem eigenen Stolz?

Und wenn es eine Sorge ist, die ihr ablegen wollt, ist diese Sorge eher von euch gewählt als euch aufgezwungen.

Und wenn es eine Furcht ist, die ihr vertreiben wollt, so sitzt diese Furcht in eurem Herzen und nicht in der Hand des Gefürchteten.

Wahrlich, alle Dinge bewegen sich in eurem Wesen in beständiger Umarmung: das Erwünschte und das Gefürchtete, das Verabscheute und das Geschätzte, das Angestrebte und dasjenige, dem ihr entrinnen wollt.

Diese Dinge bewegen sich in euch wie Paare aus Licht und Schatten, die einander verhaftet sind.

Und wenn der Schatten verblasst und nicht mehr ist, wird das verbleibende Licht zum Schatten eines anderen Lichts.

Und ebenso wird eure Freiheit, sobald sie ihre Fesseln ablegt, selbst zur Fessel einer größeren Freiheit.

Von der Vernunft und der Leidenschaft

Und wieder sprach die Priesterin: Sprich zu uns von Vernunft und Leidenschaft.

Und er antwortete und sagte:

Eure Seele ist oft ein Schlachtfeld, auf dem eure Vernunft und euer Urteilsvermögen Krieg gegen eure Leidenschaft und euer Verlangen führen.

Könnte ich doch der Friedensstifter in eurer Seele sein und den Missklang und die Zwietracht eurer Elemente in Einigkeit und Harmonie verwandeln!

Aber wie sollte ich, wenn ihr nicht auch selber Friedensstifter, ja sogar Liebhaber all eurer Elemente seid?

Eure Vernunft und eure Leidenschaft sind das Ruder und die Segel eurer seefahrenden Seele.

Wenn euch Segel oder Ruder brechen, könnt ihr nur schlingern und treiben oder auf hoher See zum Stillstand kommen.

Denn die Vernunft, die allein herrscht, ist eine einengende Kraft, und die Leidenschaft ist, unbewacht, eine Flamme, die sich selbst verbrennt.

Lasst deshalb die Seele eure Vernunft auf den Gipfel der Leidenschaft heben, damit sie singen kann;

Und lasst sie eure Leidenschaft mit Vernunft lenken, damit eure Leidenschaft ihre tägliche Auferstehung erlebe und sich wie der Phönix aus der Asche erhebe.

Ich wollte, ihr würdet eure Urteilskraft und eurer Verlangen wie zwei geliebte Gäste in eurem Haus betrachten.

Ihr würdet doch gewiss nicht einen Gast über den anderen stellen; denn wer den einen mehr beachtet, verliert die Liebe und das Vertrauen beider.

Wenn ihr zwischen den Hügeln im kühlen Schatten der Silberpappeln sitzt und am Frieden und der Heiterkeit der fernen Felder und Wiesen teilhabt – dann lasst euer Herz im Stillen sagen: »Gott ruht in der Vernunft.«

Und wenn der Sturm kommt und der mächtige Wind den Wald erschüttert und Donner und Blitz die Allmacht des Himmels verkünden – dann lasst euer Herz in Ehrfurcht sagen: »Gott regt sich in der Leidenschaft.«

Und da ihr ein Hauch unter Gottes Himmelsgewölbe und ein Blatt in Gottes Wald seid, solltet auch ihr in der Vernunft ruhen und euch in der Leidenschaft regen.

Vom Schmerz

Und eine Frau sprach: Erzähle uns vom Schmerz.

Und er sagte:

Euer Schmerz ist das Zerbrechen der Schale, die euer Verstehen umschließt.

So wie der Kern der Frucht zerbrechen muss, damit sich sein Herz in die Sonne erheben kann, so müsst ihr Schmerz erfahren.

Und könntet ihr in eurem Herz das Staunen über die täglichen Wunder eures Lebens bewahren, erschiene euch euer Schmerz nicht weniger wundersam als eure Freude;

Und ihr würdet die Jahreszeiten eures Herzens hinnehmen, wie ihr stets die Jahreszeiten, die über eure Felder ziehen, hingenommen habt.

Und ihr würdet mit Gelassenheit durch die Winter eures Kummers wachen.

Ein großer Teil eures Schmerzes ist selbstgewählt.

Er ist der bittere Trank, mit dem der Arzt in euch euer krankes Selbst heilt.

Deshalb vertraut dem Arzt und trinkt seine Medizin in Stille und Gelassenheit: Denn seine Hand, mag sie auch schwer und hart sein, wird von der zärtlichen Hand des Unsichtbaren geführt,

Und der Becher, den er bringt, verbrennt euch zwar die Lippen, doch ist er aus dem Ton geformt,

den der Töpfer mit seinen eigenen heiligen Tränen benetzt hat.

Von der Selbsterkenntnis

Und ein Mann sagte: Sprich zu uns von der Selbsterkenntnis.

Und er antwortete und sprach:

Euer Herz weiß die Geheimnisse der Tage und Nächte im Stillen.

Doch eure Ohren lechzen nach dem Klang des Wissens eures Herzens.

Ihr möchtet in Worten wissen, was ihr in Gedanken immer gewusst habt.

Ihr möchtet mit euren Fingern den nackten Leib eurer Träume berühren.

Und das ist gut so.

Die verborgene Quelle eurer Seele muss unweigerlich steigen und murmelnd zum Meer fließen;

Und der Schatz eurer unendlichen Tiefen möchte euren Augen offenbart werden.

Doch wiegt euren unbekannten Schatz nicht mit Waagschalen;

Und versucht nicht, die Tiefen eures Wissens mit Maßstab oder Lot zu ergründen.

Denn das Selbst ist ein Meer ohne Grenzen und ohne Maß.

Sagt nicht: »Ich habe die Wahrheit gefunden«, sondern: »Ich habe eine Wahrheit gefunden.«

Sagt nicht: »Ich habe den Weg der Seele gefun-

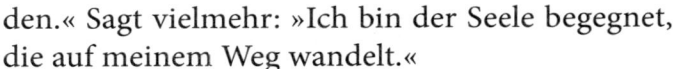
den.« Sagt vielmehr: »Ich bin der Seele begegnet, die auf meinem Weg wandelt.«

Denn die Seele wandelt auf allen Wegen.

Die Seele geht keinen geraden Weg, noch wächst sie wie ein Schilfrohr.

Die Seele entfaltet sich wie eine Lotosblüte mit unzähligen Blättern.

Vom Lehren

Da sagte ein Lehrer: Sprich zu uns von der Lehre.
Und er sprach:

Kein Mensch kann euch etwas anderes offenbaren als das, was bereits in der Dämmerung eures Wissens schlummert.

Der Lehrer, der im Schatten des Tempels unter seinen Jüngern wandelt, gibt nicht von seiner Weisheit, sondern vielmehr von seinem Glauben und seiner Liebe.

Ist er wirklich weise, bittet er euch nicht, das Haus seiner Weisheit zu betreten, sondern führt euch an die Schwelle eures eigenen Verstands.

Der Astronom mag zu euch von seinem Verständnis des Weltalls sprechen, aber geben kann er euch sein Verständnis nicht.

Der Musiker mag euch vom Rhythmus singen, der überall im Weltraum ist, aber er kann euch weder das Ohr geben, das den Rhythmus einfängt, noch die Stimme, die ihn wiedergibt.

Und wer in der Wissenschaft der Zahlen bewandert ist, kann euch vom Reich der Gewichte und Maße erzählen, aber er kann euch nicht dorthin führen.

Denn eines Menschen Einsicht verleiht ihre Flügel keinem anderen.

Und so wie ein jeder von euch allein in der Erkenntnis Gottes steht, so muss auch ein jeder von euch allein sein in seiner Gotteserkenntnis und seinem Verständnis der Erde.

Von der Freundschaft

Und ein Jüngling sagte: Sprich zu uns von der Freundschaft.

Und er antwortete und sprach:

Euer Freund ist die Antwort auf eure Bedürfnisse.

Er ist euer Feld, auf dem ihr mit Liebe sät und mit Dankbarkeit erntet.

Und er ist euer Tisch und euer Feuer.

Denn ihr kommt zu ihm mit eurem Hunger, und ihr sucht bei ihm euren Frieden.

Wenn euer Freund seine Meinung sagt, fürchtet ihr weder das »Nein« in euren eigenen Gedanken noch haltet ihr das »Ja« zurück.

Und wenn er schweigt, hört euer Herz nicht auf, seinem Herzen zu lauschen;

Denn in der Freundschaft werden alle Gedanken, alle Wünsche, alle Erwartungen ohne Worte geboren und geteilt, mit einer Freude, die keinen Beifall braucht.

Trennt ihr euch von eurem Freund, dann trauert ihr nicht;

Denn was ihr am meisten an ihm liebt, kann in seiner Abwesenheit klarer sein, so wie der Berg für den Kletterer von der Ebene aus klarer erscheint.

Und kein anderes Ziel soll die Freundschaft haben als die Vertiefung des Geistes.

Denn die Liebe, die etwas anderes anstrebt als die Offenbarung ihres eigenen Geheimnisses, ist keine Liebe, sondern ein ausgeworfenes Netz, und nur Unnützes wird darin gefangen.

Und euer Bestes sei für euren Freund.

Wenn er die Ebbe eurer Gezeiten kennen muss, lasst ihn auch die Flut kennen.

Denn was ist euer Freund, dass ihr ihn aufsuchen dürftet, um Zeit totzuschlagen?

Sucht ihn stets auf, um die Zeit mit ihm zu erleben.

Denn seine Aufgabe ist, eure Bedürfnisse zu befriedigen, nicht eure Leere zu füllen.

Und in der Süße der Freundschaft sei Lachen und geteilte Freuden.

Denn im Tau kleiner Dinge findet das Herz seinen Morgen und wird erfrischt.

Vom Reden

Und dann sagte ein Gelehrter: Sprich vom Reden.

Und er antwortete und sprach:

Ihr redet, wenn ihr aufhört, mit euren Gedanken in Frieden zu sein;

Und wenn ihr nicht länger in der Einsamkeit eures Herzens verweilen könnt, lebt ihr in euren Lippen, und das Geräusch ist euch Ablenkung und Zeitvertreib.

Und in einem Großteil eures Redens wird das Denken halb umgebracht.

Denn der Gedanke ist ein Vogel des Himmels, der in einem Käfig aus Worten zwar vielleicht seine Flügel ausbreiten, aber nicht fliegen kann.

Es sind welche unter euch, die aus Angst vor dem Alleinsein die Gesellschaft des Geschwätzigen suchen.

Die Stille des Alleinseins enthüllt ihren Augen ihr nacktes Selbst, und sie möchten fliehen.

Und da sind welche, die reden und ohne Wissen oder Vorbedacht eine Wahrheit offenbaren, die sie selbst nicht verstehen.

Und da sind jene, die die Wahrheit in sich tragen, diese aber nicht in Worte fassen.

In der Brust dieser Menschen wohnt der Geist in rhythmischer Stille.

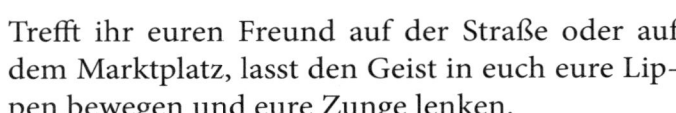

Trefft ihr euren Freund auf der Straße oder auf dem Marktplatz, lasst den Geist in euch eure Lippen bewegen und eure Zunge lenken.

Lasst die Stimme in eurer Stimme zum Ohr seines Ohrs sprechen;

Denn seine Seele wird die Wahrheit eures Herzens bewahren, so wie man sich an den Geschmack des Weines erinnert,

Wenn die Farbe vergessen und das Gefäß zerbrochen ist.

Von der Zeit

Und ein Astronom sagte: Meister, was ist mit der Zeit?

Und er antwortete:

Ihr möchtet die Zeit messen, die maßlose und unermessliche.

Ihr möchtet euer Handeln und sogar den Lauf eures Geistes nach Stunden und Jahreszeiten ausrichten.

Aus der Zeit möchtet ihr einen Strom machen, an dessen Ufer ihr sitzt und zuseht, wie er fließt.

Doch das Zeitlose in euch ist sich der Zeitlosigkeit des Lebens bewusst,

Und weiß, dass das Gestern nur die Erinnerung des Heute ist und das Morgen der heutige Traum.

Und das, was in euch singt und sinnt, wohnt noch immer in den Grenzen jenes ersten Augenblicks, der die Sterne im Weltall verstreute.

Wer von euch spürt nicht, dass seine Macht zu lieben grenzenlos ist?

Und dennoch, wer spürt nicht, dass eben diese Liebe, wenn auch grenzenlos, im Kern seines Wesens enthalten ist und sich nicht von Liebesgedanken zu Liebesgedanken noch von Liebestat zu Liebestat bewegt?

Und ist nicht die Zeit genau wie die Liebe ungeteilt und maßlos?

Wenn ihr aber in eurem Denken die Zeit in Jahreszeiten messen müsst, dann möge jede Jahreszeit alle anderen Jahreszeiten umfassen,

Und das Heute umarme die Vergangenheit mit Erinnerung und die Zukunft mit Sehnsucht.

Von Gut und Böse

Und einer der Ältesten der Stadt sagte: Sprich zu uns von Gut und Böse.

Und er antwortete:

Vom Guten in euch kann ich sprechen, aber nicht vom Bösen.

Denn was ist das Böse anderes als das Gute, das von seinem eigenen Hunger und Durst gequält wird?

Wahrlich, wenn das Gute hungert, sucht es selbst in dunklen Höhlen nach Nahrung, und wenn es dürstet, trinkt es gar aus toten Wassern.

Ihr seid gut, wenn ihr eins mit euch selbst seid.

Doch wenn ihr nicht eins mit euch selbst seid, seid ihr nicht böse.

Denn ein entzweites Haus ist keine Räuberhöhle; es ist nur ein entzweites Haus.

Und ein Schiff ohne Ruder mag ziellos zwischen gefährlichen Inseln treiben und doch nicht auf den Grund sinken.

Ihr seid gut, wenn ihr danach strebt, von euch selbst zu geben.

Doch ihr seid nicht böse, wenn ihr nach Gewinn für euch selbst trachtet.

Denn wenn ihr nach Gewinn strebt, seid ihr nichts als eine Wurzel, die sich in die Erde krallt und an ihrer Brust saugt.

Gewiss kann die Frucht nicht zur Wurzel sagen: »Sei wie ich, reif und voll und gib immer von deiner Fülle.«

Denn für die Frucht ist das Geben ein Bedürfnis, so wie für die Wurzel das Empfangen ein Bedürfnis ist.

Ihr seid gut, wenn ihr hellwach seid in eurer Rede,

Doch seid ihr nicht böse, wenn ihr schlaft, während eure Zunge unabsichtlich stammelt.

Und selbst stockende Rede kann eine schwache Zunge stärken.

Ihr seid gut, wenn ihr entschlossen und festen Schrittes auf euer Ziel zugeht.

Doch ihr seid nicht böse, wenn ihr hinkend darauf zugeht.

Selbst die Hinkenden gehen nicht rückwärts.

Ihr aber, die ihr stark und schnell seid, seht zu, dass ihr nicht aus vermeintlicher Freundlichkeit vor den Lahmen hinkt.

Ihr seid auf zahllose Weisen gut, und ihr seid nicht böse, wenn ihr nicht gut seid,

Sondern nur träge und faul.

Schade, dass die Hirsche den Schildkröten nicht Schnelligkeit beibringen können.

In eurer Sehnsucht nach eurem höchsten Selbst liegt euer Gutsein – und diese Sehnsucht lebt in euch allen.

Aber in manchen von euch ist diese Sehnsucht ein reißender Strom, der ungestüm zum Meer rauscht und die Geheimnisse der Berghänge und die Lieder des Waldes mit sich trägt.

Und in anderen ist sie ein seichter Bach, der sich in Krümmungen und Biegungen verliert und immer wieder verweilt, ehe er die Küste erreicht.

Aber der, der viel ersehnt, sage nicht zu dem, der wenig ersehnt: »Warum bist du so langsam und zögerlich?«

Denn der wahrhaft Gute fragt nicht den Nackten: »Wo ist dein Gewand?«, oder den Obdachlosen: »Was ist mit deinem Haus geschehen?«

Vom Gebet

Da sagte eine Priesterin: Sprich zu uns vom Gebet.

Und er antwortete und sprach:

Ihr betet in eurer Verzweiflung und Not; würdet ihr doch nur auch in der Vollkommenheit eurer Freude und in Zeiten des Überflusses beten!

Denn was ist das Gebet anderes als die Ausdehnung eurer selbst in den lebendigen Äther?

Und wenn es euch Trost spendet, eure Dunkelheit in den Raum zu ergießen, so verschafft es euch auch Freude, die Morgenröte eures Herzens darin zu verströmen.

Und wenn ihr nicht anders könnt, als zu weinen, wenn eure Seele euch zum Gebet ruft, dann sollte sie euch trotz Weinens wieder und wieder dazu anspornen, bis ihr lachend kommt.

Wenn ihr betet, schwebt ihr empor, um in der Luft denen zu begegnen, die in derselben Stunde beten und denen ihr, außer im Gebet, nicht begegnen würdet.

Deshalb soll euer Besuch in jenem unsichtbaren Tempel nichts anderem als Verzückung und süßer Verbundenheit dienen.

Denn solltet ihr den Tempel nur betreten, um zu bitten, so werdet ihr nichts empfangen;

Und solltet ihr ihn betreten, um euch zu erniedrigen, so werdet ihr nicht erhöht werden;

Selbst wenn ihr ihn betreten solltet, um das Wohl anderer zu erbitten, werdet ihr nicht erhört werden.

Es genügt, dass ihr den unsichtbaren Tempel betretet.

Ich kann euch nicht lehren, wie man mit Worten betet.

Gott hört nicht auf eure Worte, es sei denn, Er selbst spricht sie durch eure Lippen aus.

Und ich kann euch nicht das Gebet der Meere und der Wälder und der Berge lehren.

Aber ihr, die ihr aus den Bergen und den Wäldern und den Meeren geboren seid, könnt deren Gebet in eurem Herzen finden,

Und wenn ihr nur in der Stille der Nacht lauscht, werdet ihr sie schweigend sagen hören:

»Unser Gott, der du bist unser geflügeltes Selbst, es ist dein Wille in uns, der will.

Es ist deine Sehnsucht in uns, die sehnt.

Es ist dein Drängen in uns, das unsere Nächte, die dein sind, in Tage verwandeln will, die ebenfalls dein sind.

Wir können dich um nichts bitten, denn du kennst unsere Bedürfnisse, ehe sie in uns geboren sind;

Du bist unser Bedürfnis; und indem du uns mehr von dir gibst, gibst du uns alles.«

Vom Vergnügen

Da trat ein Einsiedler, der einmal im Jahr die Stadt besuchte, hervor und sagte: Sprich zu uns vom Vergnügen.

Und er antwortete und sprach:

Das Vergnügen ist ein Lied von der Freiheit,

Aber es ist nicht die Freiheit.

Es ist das Erblühen eurer Wünsche,

Aber es ist nicht ihre Frucht.

Es ist eine Tiefe, die nach einer Höhe ruft,

Aber es ist weder das Tiefe noch das Hohe.

Es ist das Eingesperrte, das Flügel bekommt,

Aber es ist nichts Raumumfassendes.

Ja, wahrhaftig, das Vergnügen ist ein Lied von der Freiheit.

Und ich wünschte, ihr sänget es aus vollem Herzen; doch möchte ich nicht, dass ihr eure Herzen ans Singen verliert.

Einige eurer jungen Leute suchen das Vergnügen, als sei es alles, und sie werden verurteilt und getadelt.

Ich will sie weder verurteilen noch tadeln. Mögen sie suchen!

Denn sie werden Vergnügen finden, aber nicht nur das allein:

Sieben Schwestern hat es, und die geringste unter ihnen ist schöner als das Vergnügen.

Habt ihr nicht von dem Mann gehört, der in der Erde nach Wurzeln grub und einen Schatz fand?

Und manche eurer Alten erinnern sich an Vergnügungen mit Bedauern, wie an Unrecht, das in der Trunkenheit begangen wurde.

Aber Bedauern ist eine Trübung des Geistes und nicht seine Läuterung.

Sie sollten sich mit Dankbarkeit an ihre Vergnügungen erinnern, so wie an die Ernte eines Sommers.

Doch wenn Bedauern sie tröstet, sei ihnen der Trost gegönnt.

Und es gibt jene unter euch, die weder jung genug sind, um zu suchen, noch alt genug, um sich zu erinnern;

Und in ihrer Furcht vor dem Suchen und Erinnern meiden sie alle Vergnügungen, damit sie den Geist nicht vernachlässigen oder beleidigen.

Aber gerade in ihrem Verzicht liegt ihr Vergnügen.

Und so finden auch sie einen Schatz, obwohl sie mit zitternden Händen nach Wurzeln graben.

Aber sagt mir, wer könnte schon den Geist beleidigen?

Kann die Nachtigall die Stille der Nacht beleidigen oder das Glühwürmchen die Sterne?

Und kann eure Flamme oder euer Rauch den Wind beschweren?

Glaubt ihr, der Geist sei ein stiller Teich, den ihr mit einem Stab aufwühlen könntet?

Wenn ihr euch Vergnügen versagt, verlagert ihr das Verlangen danach oft nur in die Tiefen eures Wesens.

Wer weiß, ob das, was heute unterbleibt, nicht auf morgen wartet?

Selbst euer Körper kennt sein Erbe und seine rechtmäßigen Bedürfnisse und wird sich nicht täuschen lassen.

Und euer Körper ist die Harfe eurer Seele,

Und es liegt an euch, ihm liebliche Musik oder wirre Töne zu entlocken.

Und nun fragt ihr euch in eurem Herzen: »Wie sollen wir das Gute am Vergnügen von dem unterscheiden, was nicht gut ist?«

Geht auf eure Felder und in eure Gärten, und ihr werdet erkennen, dass es der Biene ein Vergnügen ist, Honig von der Blume zu sammeln,

Aber es ist auch ein Vergnügen für die Blume, der Biene ihren Honig zu geben.

Denn für die Biene ist die Blume eine Quelle des Lebens,

Und für die Blume ist die Biene eine Botin der Liebe,

Und für beide, Biene und Blume, ist es notwendig und eine Wonne, Vergnügen zu bereiten und zu empfangen.

Leute von Orphalese, seid in euren Vergnügungen wie die Blumen und die Bienen.

Von der Schönheit

Und ein Dichter sagte: Sprich zu uns von der Schönheit.

Und er antwortete: Wo sollt ihr die Schönheit suchen, und wie sollt ihr sie finden, wenn sie nicht selbst euer Weg und eure Führerin ist?

Und wie sollt ihr von ihr sprechen, wenn sie nicht selbst die Weberin eurer Rede ist?

Die Gekränkten und Verletzten sagen: »Die Schönheit ist gütig und sanft.

Wie eine junge Mutter, die sich ihrer eigenen Herrlichkeit etwas schämt, wandelt sie unter uns.«

Und die Leidenschaftlichen sagen: »Nein, die Schönheit ist ein mächtiges und furchterregendes Wesen.

Wie der Sturm erschüttert sie die Erde unter uns und den Himmel über uns.«

Die Müden und Erschöpften sagen: »Die Schönheit ist ein leises Flüstern. Sie spricht in unserem Geist.

Ihre Stimme fügt sich unserem Schweigen wie ein schwaches Licht, das in Angst vor dem Schatten zittert.«

Aber die Rastlosen sagen: »Wir haben sie in den Bergen schreien hören,

Und mit ihrem Geschrei kamen Hufgeräusche und Flügelschlagen und Löwengebrüll.«

Nachts sagen die Wächter der Stadt: »Die Schönheit wird mit der Morgenröte im Osten heraufziehen.«

Und am Mittag sagen die Arbeitenden und die Wanderer: »Wir haben gesehen, wie sie sich aus den Fenstern des Sonnenuntergangs über die Erde neigte.«

Im Winter sagen die Eingeschneiten: »Sie wird mit dem Frühling über die Hügel gesprungen kommen.«

Und in der Sommerhitze sagen die Schnitter: »Wir haben sie mit dem Herbstlaub tanzen sehen, und wir sahen Spuren von Schnee in ihrem Haar.«

All diese Dinge habt ihr über die Schönheit gesagt,

Doch in Wahrheit spracht ihr nicht von ihr, sondern von unerfüllten Bedürfnissen,

Und Schönheit ist kein Bedürfnis, sondern eine Ekstase.

Sie ist weder ein dürstender Mund noch eine bettelnde Hand,

Sondern ein entflammtes Herz und eine verzauberte Seele.

Sie ist weder das Bild, das ihr sehen wollt, noch das Lied, das ihr hören wollt,

Sondern ein Bild, das ihr seht, obwohl ihr die Augen schließt, und ein Lied, das ihr hört, obwohl ihr die Ohren verstopft.

Sie ist weder der Saft in der knorrigen Rinde noch ein Flügel an einer Klaue,

Sondern ein ewig blühender Garten und eine Schar ewig fliegender Engel.

Leute von Orphalese, die Schönheit ist das Leben, wenn es sein heiliges Antlitz entschleiert.

Doch ihr seid das Leben und ihr seid der Schleier.

Schönheit ist die Ewigkeit, die sich selbst in einem Spiegel betrachtet.

Doch ihr seid die Ewigkeit und ihr seid der Spiegel.

Von der Religion

Und ein alter Priester sagte: Sprich zu uns von der Religion.

Und er sprach:

Habe ich heute schon von etwas anderem gesprochen?

Ist nicht die Religion alles Handeln und alles Denken,

Und auch das, was weder Handeln noch Denken ist, sondern ein Wundern und Überraschung, die ewig der Seele entspringen, auch wenn die Hände den Stein behauen oder den Webstuhl bedienen?

Wer kann seinen Glauben von seinen Taten trennen oder seine Überzeugungen von seinen Tätigkeiten?

Wer kann seine Stunden vor sich ausbreiten und sagen: »Diese für Gott und diese für mich selbst; diese für meine Seele und diese andere für meinen Körper«?

Alle eure Stunden sind Flügel, die von Selbst zu Selbst durch den Raum fliegen.

Wer seine Sittlichkeit bloß wie sein bestes Gewand trägt, wäre besser nackt.

Der Wind und die Sonne werden keine Löcher in seine Haut reißen.

Und wer sein Verhalten der Moral unterwirft, sperrt seinen Singvogel in einen Käfig.

Der freieste Gesang kommt nicht durch Gitter und Drähte.

Und der, dem der Gottesdienst ein Fenster ist, das man öffnen, aber auch schließen kann, hat das Haus seiner Seele noch nicht besucht, dessen Fenster von Morgengrauen zu Morgengrauen reichen.

Euer tägliches Leben ist euer Tempel und eure Religion.

Wann immer ihr ihn betretet, nehmt alles, was euer ist, mit.

Nehmt den Pflug und die Esse, den Hammer und die Laute mit,

Die Dinge, die ihr aus Notwendigkeit oder zu eurer Freude geschaffen habt.

Denn im Tagtraum könnt ihr euch nicht über eure Erfolge erheben oder tiefer sinken als eure Misserfolge.

Und nehmt mit euch alle Menschen:

Denn in der Anbetung könnt ihr nicht höher fliegen als ihre Hoffnungen und euch nicht tiefer erniedrigen als ihre Verzweiflung.

Und wenn ihr Gott erkennen wollt, knobelt nicht über seinen Rätseln.

Schaut euch lieber um, und ihr werdet Ihn mit euren Kindern spielen sehen.

Und schaut in den Himmelsraum, und ihr werdet Ihn in der Wolke wandeln, im Blitz Seine Arme ausbreiten und im Regen herabsteigen sehen.

Ihr werdet Ihn in den Blumen lächeln sehen und dann emporsteigen und von den Bäumen winken.

Vom Tod

Dann sprach Almitra und sagte: Jetzt möchten wir vom Tod hören.

Und er sprach:

Ihr wollt das Geheimnis des Todes erfahren.

Doch wie solltet ihr es herausfinden, wenn ihr es nicht im Herzen des Lebens sucht?

Die Eule, deren Nachtaugen am Tag blind sind, kann das Geheimnis des Lichts nicht enthüllen.

Wollt ihr wirklich den Geist des Todes erblicken, öffnet euer Herz weit für den Körper des Lebens.

Denn Leben und Tod sind eins, so wie der Fluss und das Meer eins sind.

In der Tiefe eurer Hoffnungen und Sehnsüchte ruht euer stilles Wissen vom Jenseits;

Und wie Samen, die unterm Schnee träumen, träumen eure Herzen vom Frühling.

Vertraut den Träumen, denn in ihnen verbirgt sich das Tor zur Ewigkeit.

Eure Angst vor dem Tod ist nichts als das Zittern des Hirten, wenn er vor dem König steht, der ihm zu Ehren seine Hand auflegen wird.

Freut sich der Hirte unter seinem Zittern nicht, dass er das Zeichen des Königs tragen soll?

Aber ist er nicht mehr auf sein Zittern bedacht?

Denn was bedeutet sterben anderes, als nackt im Wind zu stehen und in der Sonne zu schmelzen?

Und was bedeutet nicht mehr zu atmen anderes, als den Atem von seinen rastlosen Gezeiten zu befreien, damit er emporsteigen und sich ausdehnen und ungehindert Gott suchen kann?

Erst wenn ihr aus dem Fluss der Stille trinkt, werdet ihr wirklich singen.

Und wenn ihr den Gipfel des Berges erreicht habt, dann wird euer Aufstieg beginnen.

Und wenn eure Glieder der Erde zuteilwerden, dann werdet ihr wahrhaftig tanzen.

Der Abschied

Und nun war es Abend.

Und Almitra, die Seherin, sagte: Gesegnet sei dieser Tag und dieser Ort und dein Geist, der gesprochen hat.

Und er antwortete: War ich es, der gesprochen hat? War ich nicht auch ein Zuhörer?

Dann stieg er die Stufen des Tempels hinab und das ganze Volk folgte ihm. Und er erreichte sein Schiff und blieb auf dem Deck stehen.

Und noch einmal wandte er sich den Menschen zu, erhob seine Stimme und sagte:

Leute von Orphalese, der Wind gebietet mir, euch zu verlassen.

Ich habe es weniger eilig als der Wind, doch ich muss ziehen.

Wir Wanderer, die wir stets den einsameren Weg suchen, beginnen keinen Tag dort, wo wir einen anderen beendet haben, und kein Sonnenaufgang findet uns dort, wo der Sonnenuntergang uns verlassen hat.

Selbst während die Erde schläft, reisen wir.

Wir sind die Samen der zähen Pflanze, und in unserer Reife und Fülle des Herzens werden wir dem Wind anvertraut und verstreut.

Kurz waren meine Tage unter euch, und kürzer noch die Worte, die ich gesprochen habe.

Doch sollte meine Stimme in euren Ohren verklingen und meine Liebe in eurem Gedächtnis verblassen, dann werde ich wiederkommen,

Und mit einem reicheren Herzen und dem Geist gehorsameren Lippen werde ich sprechen.

Ja, ich werde wiederkehren mit der Flut,

Und mag auch der Tod mich verbergen und die größere Stille mich einhüllen, ich werde dennoch wieder euer Verstehen suchen.

Und nicht vergebens werde ich suchen.

Wenn etwas von dem, was ich sagte, wahr ist, wird diese Wahrheit sich in einer klareren Stimme offenbaren und in Worten, die euren Gedanken näher sind.

Ich ziehe mit dem Wind, Leute von Orphalese, aber nicht hinab in die Leere;

Und wenn dieser Tag nicht die Erfüllung eurer Bedürfnisse und meiner Liebe ist, dann sei er das Versprechen eines anderen Tages.

Die Bedürfnisse des Menschen ändern sich, aber nicht seine Liebe und auch nicht sein Wunsch, dass seine Liebe seine Bedürfnisse befriedige.

Wisst also, dass ich aus der größeren Stille zurückkehren werde.

Der Nebel, der sich in der Morgendämmerung verflüchtigt und nichts als Tau auf den Feldern zurücklässt, wird emporsteigen und sich in einer

Wolke sammeln und dann als Regen herabfallen.

Und nicht viel anders als der Nebel bin ich gewesen.

In der Stille der Nacht bin ich durch eure Straßen gewandert, und mein Geist ist in eure Häuser eingekehrt,

Und eure Herzschläge waren in meinem Herzen, und euer Atem war auf meinem Gesicht, und ich kannte euch alle.

Ja, ich kannte eure Freude und euren Schmerz, und die Träume in eurem Schlaf waren meine Träume.

Und oft war ich unter euch ein See inmitten der Berge.

Ich spiegelte die Gipfel in euch und die sich neigenden Hänge und selbst die vorbeiziehenden Schwärme eurer Gedanken und Wünsche.

Und in meine Stille drang das Lachen eurer Kinder in Bächen und die Sehnsucht eurer Jugend in Flüssen.

Und als sie meine Tiefe erreichten, hörten die Bäche und Flüsse noch nicht auf zu singen.

Aber Süßeres noch als das Lachen und Größeres als die Sehnsucht kam zu mir.

Es war das Grenzenlose in euch;

Der gewaltige Mensch, in dem ihr alle nichts als Zellen und Sehnen seid;

Er, in dessen Gesang all euer Singen nur ein tonloses Pochen ist.

In diesem gewaltigen Mensch seid ihr gewaltig,

Und indem ihr ihn erblicktet, erblickte und liebte ich euch.

Denn welche Entfernungen kann die Liebe überwinden, die nicht in jener unermesslichen Sphäre liegen?

Welche Visionen, welche Erwartungen und welche Vermutungen könnten noch höher hinausfliegen?

Wie eine riesige Eiche, mit Apfelblüten bedeckt, ist der gewaltige Mensch in euch.

Seine Macht bindet euch an die Erde, sein Duft hebt euch ins All, und in seiner Beständigkeit seid ihr unsterblich.

Man hat euch gesagt, ihr wärt wie eine Kette so schwach wie euer schwächstes Glied.

Das ist nur die halbe Wahrheit. Ihr seid auch so stark wie euer stärkstes Glied.

Euch an euren geringsten Taten zu messen, bedeutete, die Kraft des Ozeans nach der Zartheit seiner Gischt zu berechnen.

Euch nach euren Niederlagen zu beurteilen, hieße, die Jahreszeiten für ihre Unbeständigkeit zu tadeln.

Ja, ihr seid wie ein Ozean,

Und obwohl gestrandete Schiffe an euren Ufern die Flut erwarten, könnt ihr, wie auch der Ozean, eure Gezeiten nicht beschleunigen.

Und auch wie die Jahreszeiten seid ihr,

Und obwohl ihr in eurem Winter euren Frühling verleugnet,

Lächelt der Frühling, der in euch ruht, schläfrig und ist nicht gekränkt.

Denkt nicht, ich sage diese Dinge, damit ihr zueinander sagen könnt: »Er hat uns hoch gelobt. Er hat nur das Gute in uns gesehen.«

Ich spreche nur in Worten aus, was ihr selbst in Gedanken wisst.

Und was ist das Wissen in Worten anderes als ein Schatten des wortlosen Wissens?

Eure Gedanken und meine Worte sind Wellen aus einem versiegelten Gedächtnis, das unsere gestrigen Tage verwahrt,

Und die uralten Tage, als die Erde weder uns noch sich selbst kannte,

Und die Nächte, in denen die Erde in Verwirrung aufgewühlt war.

Die Weisen sind zu euch gekommen, um euch von ihrer Weisheit zu geben. Ich kam, um von eurer Weisheit zu nehmen:

Und seht, ich habe etwas gefunden, das größer ist als Weisheit.

Es ist ein flammender Geist in euch, der stetig mehr wird,

Während ihr, seiner Entfaltung ungeachtet, das Schwinden eurer Tage beklagt.

Nur das Leben, das das Leben in Körpern sucht, fürchtet das Grab.

Hier gibt es keine Gräber.

Diese Berge und Ebenen sind eine Wiege und ein Trittstein.

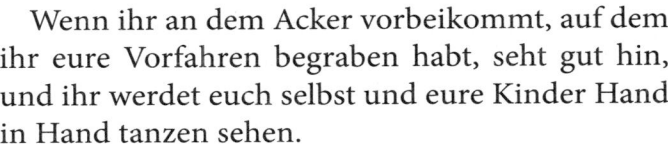

Wenn ihr an dem Acker vorbeikommt, auf dem ihr eure Vorfahren begraben habt, seht gut hin, und ihr werdet euch selbst und eure Kinder Hand in Hand tanzen sehen.

Wahrlich, ihr seid oft vergnügt, ohne es zu wissen.

Andere sind zu euch gekommen, denen ihr für goldene Versprechungen, die sie euch auf euer Vertrauen hin gemacht haben, Reichtum und Macht und Ruhm gegeben habt.

Weniger als ein Versprechen habe ich gegeben, und doch wart ihr großzügiger zu mir.

Ihr habt mir meinen tieferen Durst nach Leben geschenkt.

Es gibt wohl kein größeres Geschenk für einen Menschen als das, was all seine Ziele zu trockenen Lippen und alles Leben zu einer Quelle macht.

Und hierin liegt meine Ehre und mein Lohn:

Wann immer ich zur Quelle komme, um zu trinken, finde ich das lebendige Wasser selbst durstig;

Und es trinkt mich, während ich es trinke.

Einige von euch haben mich für zu stolz und zu scheu gehalten, um Geschenke anzunehmen.

In der Tat bin ich zu stolz, um Lohn anzunehmen, nicht aber Geschenke.

Auch wenn ich Beeren in den Hügeln gegessen habe, als ihr mich an eurer Tafel sitzen lassen wolltet,

Und in der Vorhalle des Tempels schlief, als ihr mich gerne beherbergt hättet,

War es nicht eure liebende Sorge um meine Tage und Nächte, die mir die Speise im Mund versüßte und meinen Schlaf mit Traumbildern umkränzte?

Dafür segne ich euch am meisten:

Ihr gebt viel und wisst nicht, dass ihr überhaupt etwas gebt.

Denn die Güte, die sich selbst im Spiegel betrachtet, wird zu Stein,

Und eine gute Tat, die sich selbst mit zärtlichem Namen nennt, gebiert einen Fluch.

Und einige von euch haben mich unnahbar und berauscht von meiner eigenen Einsamkeit genannt,

Und ihr habt gesagt: »Er hält Rat mit den Bäumen des Waldes, aber nicht mit den Menschen.

Er sitzt allein auf den Hügeln und schaut auf unsere Stadt herab.«

Es ist wahr, dass ich die Hügel erklommen habe und an entlegenen Orten gewandert bin.

Wie hätte ich euch sonst sehen können, wenn nicht aus großer Höhe oder großer Entfernung?

Wie kann jemand wirklich nahe sein, wenn er nicht fern ist?

Und andere unter euch haben mich ohne Worte angerufen und gesagt:

»Fremder, Fremder, der du schwindelnde Höhen liebst, warum wohnst du auf den Gipfeln, wo die Adler ihre Nester bauen?

Warum suchst du das Unerreichbare?

Welche Stürme möchtest du in deinem Netz fangen,

Und welche Rauchvögel jagst du am Himmel?

Komm und sei einer von uns.

Steig herab und stille deinen Hunger mit unserem Brot und lösche deinen Durst mit unserem Wein.«

In der Einsamkeit ihrer Seelen sagten sie diese Dinge;

Doch wäre ihre Einsamkeit tiefer gewesen, hätten sie erkannt, dass ich nur das Geheimnis eurer Freude und eures Schmerzes suchte

Und nur eurem größeren Selbst, das im Himmel wandelt, nachjagte.

Doch der Jäger war auch der Gejagte;

Denn viele meiner Pfeile verließen meinen Bogen nur, um meine eigene Brust zu finden.

Und ich, der Fliegende, war auch der Kriechende;

Denn wenn meine Flügel in der Sonne ausgebreitet waren, war ihr Schatten auf der Erde der einer Schildkröte.

Und ich, der Gläubige, war auch der Zweifler;

Denn oft habe ich den Finger in meine eigene Wunde gelegt, damit mein Glaube an euch stärker und mein Wissen um euch größer werde.

Und mit diesem Glauben und diesem Wissen sage ich,

Ihr seid nicht in euren Körpern eingeschlossen noch an Häuser oder Felder gebunden.

Das, was ihr seid, wohnt über den Bergen und wandert mit dem Wind.

Es ist kein Ding, das in die Sonne kriecht, um sich zu wärmen, oder Löcher in die Dunkelheit gräbt, um Schutz zu suchen,

Sondern etwas Freies, ein Geist, der die Erde umhüllt und sich im Äther bewegt.

Wenn diese Worte unklar sind, dann versucht nicht, sie zu klären.

Unklar und nebelhaft ist der Anfang aller Dinge, nicht aber ihr Ende,

Und gerne möchte ich euch als ein Anfang im Gedächtnis bleiben.

Das Leben und alles, was lebt, wird im Nebel und nicht im Kristall empfangen.

Und wer weiß, ob ein Kristall etwas anderes als Nebel ist, wenn er zerfällt?

Daran mögt ihr euch erinnern, wenn ihr an mich denkt:

Was euch wie das Schwächste und Verwirrteste in euch erscheint, ist das Stärkste und Entschlossenste.

War es nicht euer Atem, der das Gerüst eurer Knochen aufgerichtet und gehärtet hat?

Und war es nicht ein Traum, an den sich keiner von euch zu träumen erinnern kann, der eure Stadt gebaut hat und alles, was in ihr ist, schuf?

Könntet ihr nur die Gezeiten dieses Atems sehen, würdet ihr alles andere nicht mehr sehen,

Und könntet ihr das Flüstern des Traums hören, würdet ihr keinen anderen Klang mehr hören.

Doch ihr seht nicht und ihr hört nicht, und das ist gut so.

Der Schleier, der eure Augen verhüllt, wird von den Händen gelüftet werden, die ihn webten,

Und der Lehm, der eure Ohren verstopft, wird von den Fingern durchbohrt werden, die ihn kneteten.

Und ihr werdet sehen.

Und ihr werdet hören.

Doch werdet ihr nicht beklagen, die Blindheit gekannt zu haben, noch bedauern, taub gewesen zu sein.

Denn an jenem Tag werdet ihr den verborgenen Sinn aller Dinge erkennen,

Und ihr werdet die Finsternis preisen, so wie ihr das Licht preisen würdet.

Nachdem er dies gesagt hatte, blickte er um sich, und er sah den Lotsen seines Schiffes am Steuer stehen und bald zu den vollen Segeln, bald in die Ferne blicken.

Und er sagte:

Geduldig, mehr als geduldig ist der Kapitän meines Schiffes.

Der Wind weht, und rastlos sind die Segel;

Selbst das Ruder bittet um Führung;

Doch ruhig wartet mein Kapitän auf mein Verstummen.

Und diese meine Seeleute, die den Chor des weiten Meeres gehört haben, auch sie haben mir geduldig zugehört.

Nun sollen sie nicht länger warten.

Ich bin bereit.

Der Strom hat das Meer erreicht, und die große Mutter drückt ihren Sohn wieder an ihre Brust.

Lebt wohl, ihr Menschen von Orphalese.

Dieser Tag ist zu Ende.

Er schließt sich um uns wie die Seerose um ihr eigenes Morgen.

Was uns hier gegeben wurde, werden wir bewahren,

Und wenn es nicht genug ist, dann müssen wir wieder zusammenkommen und dem Gebenden gemeinsam unsere Hände entgegenstrecken.

Vergesst nicht, dass ich zu euch zurückkommen werde.

Eine kleine Weile noch, und meine Sehnsucht wird Staub und Schaum für einen anderen Körper sammeln.

Eine kleine Weile noch, ein Augenblick der Rast im Wind, und eine andere Frau wird mich gebären.

Lebt wohl, ihr und die Jugend, die ich bei euch verbracht habe.

Erst gestern sind wir uns im Traum begegnet.

Ihr habt für mich in meiner Einsamkeit gesungen, und ich habe aus eurer Sehnsucht einen Turm in den Himmel gebaut.

Doch nun ist unser Schlaf vorüber und unser Traum vorbei, und es ist nicht mehr Morgen.

Die Mittagszeit ist über uns gekommen, und unser halbes Wachen ist zum hellen Tag geworden, und wir müssen Abschied nehmen.

Sollten wir uns in der Dämmerung der Erinnerung wiedertreffen, werden wir wieder miteinander sprechen, und ihr werdet mir ein tieferes Lied singen.

Und sollten sich unsere Hände in einem anderen Traum begegnen, werden wir einen weiteren Turm in den Himmel bauen.

Mit diesen Worten gab er den Seeleuten ein Zeichen, und sogleich lichteten sie den Anker, machten die Leinen los und fuhren gen Osten.

Und ein Aufschrei ging durch die Menschen wie aus einem einzigen Herzen, und er stieg in die Abenddämmerung und wurde über das Meer hinausgetragen wie ein gewaltiger Fanfarenstoß.

Nur Almitra schwieg und blickte dem Schiff nach, bis es im Nebel verschwunden war.

Und als die Menschenmenge sich zerstreut hatte, stand sie noch immer allein auf der Kaimauer und erinnerte sich in ihrem Herzen seiner Worte:

»Eine kleine Weile noch, ein Augenblick der Rast im Wind, und eine andere Frau wird mich gebären.«

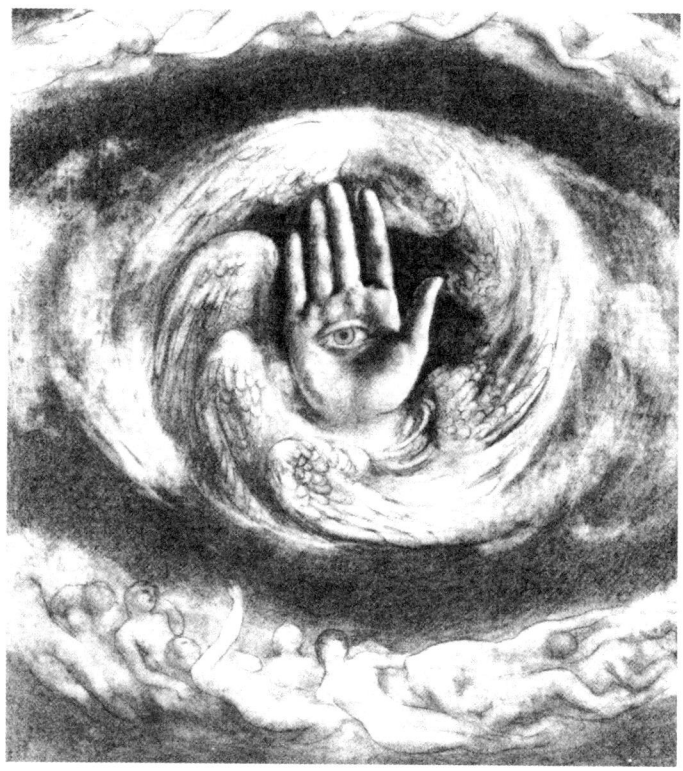

Der Garten des Propheten

Almustafa, der Auserwählte und Geliebte, der seiner Zeit ein Mittag war, kehrte im Monat Tischri, dem Monat des Gedenkens, zur Insel seiner Geburt zurück.

Und als sein Schiff in den Hafen einlief, stand er am Bug, und seine Seeleute waren um ihn. Und es war eine Heimkehr in seinem Herzen.

Und das Meer war in seiner Stimme, als er sagte: »Seht, die Insel unserer Geburt. Ebenhier hat uns die Erde emporgehoben, ein Lied und ein Rätsel; ein Lied an den Himmel, ein Rätsel an die Erde; und was gibt es sonst zwischen Erde und Himmel, was das Lied tragen und das Rätsel lösen könnte, außer unserer eigenen Leidenschaft?

Einmal mehr bringt uns das Meer an diese Küsten zurück. Wir sind nur eine Welle unter seinen Wellen. Es sendet uns aus, um seine Rede erklingen zu lassen, doch wie könnten wir das tun, ohne die Symmetrie unseres Herzens an Fels und Sand zu brechen?

Denn dies ist das Gesetz der Seeleute und des Meeres: Willst du Freiheit, so musst du zu Nebel werden. Das Formlose strebt stets nach Form, so wie die zahllosen Sternennebel zu Sonnen und Monden werden wollen; und wir, die wir viel gesucht haben und nun, als starre Formen, auf diese

Insel zurückkehren, wir müssen wieder zu Nebel werden und von Anbeginn lernen. Und was könnte schon leben und sich zu Höhen emporschwingen, ohne vorher an Leidenschaft und Freiheit zu zerbrechen?

Auf ewig werden wir auf der Suche nach Ufern sein, damit wir singen und gehört werden können. Aber was ist mit der Welle, die sich dort bricht, wo kein Ohr sie hört? Es ist das Ungehörte in uns, das unser tieferes Leid nährt. Doch es ist auch das Ungehörte, das unserer Seele Form gibt und unser Schicksal gestaltet.«

Da trat einer seiner Seeleute hervor und sagte: »Meister, du hast unsere Sehnsucht nach diesem Hafen angeführt, und siehe, wir sind angekommen. Doch du sprichst von Leid und von Herzen, die gebrochen werden sollen.«

Und er antwortete ihm und sprach: »Habe ich nicht von der Freiheit gesprochen und von dem Nebel, der unsere größere Freiheit ist? Und doch ist meine Pilgerfahrt zu der Insel, auf der ich geboren wurde, schmerzvoll, fast wie wenn der Geist eines Erschlagenen vor denen niederkniet, die ihn erschlagen haben.«

Und ein anderer Seemann sprach und sagte: »Sieh nur, die vielen Menschen auf der Kaimauer! In ihrer Stille haben sie den Tag und die Stunde deiner Ankunft genau vorhergesagt, und sie sind von ihren Feldern und Weinbergen gekommen, um sich hier zu versammeln und dich zu erwarten.«

Und Almustafa blickte auf die Menschenschar in der Ferne, und sein Herz war ihrer Sehnsucht gewahr, und er schwieg.

Da ertönte ein Schrei aus dem Volk, und es war ein Schrei des Erinnerns und des Flehens.

Und er sah seine Seeleute an und sagte: »Und was habe ich ihnen mitgebracht? Ein Jäger war ich, in einem fernen Land. Zielsicher und kräftig habe ich die goldenen Pfeile, die sie mir gaben, verschossen, doch ich habe kein Wild erlegt. Ich bin den Pfeilen nicht gefolgt. Vielleicht werden sie jetzt mit den Schwingen verwundeter Adler, die nicht zur Erde fallen wollten, in der Sonne ausgebreitet. Und vielleicht sind die Pfeilspitzen in die Hände derer gefallen, die sie brauchten, um Brot und Wein zu kaufen.

Ich weiß nicht, wo sie geflogen sind, aber das weiß ich: Sie haben ihren Bogen am Himmel gezogen.

Und doch liegt die Hand der Liebe immer noch auf mir, und ihr, meine Seeleute, segelt immer noch nach meiner Vision, und ich werde nicht stumm bleiben. Ich werde schreien, wenn die Hand der Jahreszeiten an meiner Kehle liegt, und ich werde meine Worte singen, wenn Flammen meine Lippen verbrennen.«

Und sie waren in ihren Herzen bekümmert,

weil er von diesen Dingen sprach. Und einer sagte: »Meister, lehre uns alles, und weil dein Blut in unseren Adern fließt und unser Atem nach dir duftet, werden wir vielleicht verstehen.«

Und er antwortete ihnen, und der Wind war in seiner Stimme, als er sagte: »Habt ihr mich zur Insel meiner Geburt gebracht, um ein Lehrer zu sein? Noch bin ich nicht von der Weisheit gefangen. Ich bin zu jung und zu unreif, um von etwas anderem zu sprechen als von mir selbst, dem Tiefen, der nach der Tiefe ruft.

Wer nach Weisheit strebt, mag sie in der Butterblume oder in einer Prise rotem Ton suchen. Ich bin immer noch der Sänger. Noch immer werde ich die Erde besingen, und ich werde euer verlorenes Träumen besingen, das zwischen Schlaf und Schlaf am Tage wandelt. Doch werde ich auf das Meer blicken.«

Und nun fuhr das Schiff in den Hafen ein und erreichte die Kaimauer, und so kam er zur Insel seiner Geburt und war wieder unter seinem eigenen Volk. Und ein gewaltiger Schrei entrang sich ihren Herzen, so dass die Einsamkeit seiner Heimkehr in ihm erschüttert wurde.

Und sie schwiegen und warteten auf sein Wort, aber er antwortete ihnen nicht, denn die Traurigkeit der Erinnerung lag auf ihm, und er sagte in seinem Herzen: »Habe ich gesagt, dass ich singen werde? Nein, ich kann meine Lippen nur öffnen, damit die Stimme des Lebens hervorkommen möge und hinausziehe zum Wind, ihn zu erfreuen und ihm beizustehen.«

Da sprach Karima, die mit ihm als Kind im Garten seiner Mutter gespielt hatte, und sagte: »Zwölf Jahre lang hast du dein Gesicht vor uns verborgen, und zwölf Jahre lang haben wir nach deiner Stimme gehungert und gedürstet.«

Und er sah sie mit großer Zärtlichkeit an, denn sie war es gewesen, die die Augen seiner Mutter geschlossen hatte, als die weißen Schwingen des Todes sie erfasst hatten.

Und er antwortete und sprach: »Zwölf Jahre? Hast du zwölf Jahre gesagt, Karima? Ich habe meine Sehnsucht nicht mit dem Sternenstab gemessen, noch habe ich ihre Tiefe ausgelotet. Denn die Liebe, wenn sie Heimweh hat, erschöpft alles Zeitmessen und alles Zeitausloten.

Es gibt Augenblicke, die Äonen des Getrenntseins in sich bergen. Und doch ist die Trennung nichts als eine Erschöpfung des Geistes. Vielleicht waren wir gar nicht getrennt.«

Und Almustafa blickte auf die Menschen, und er sah sie alle, die Jungen und die Alten, die Starken und die Schwachen, die vom Wind und von der Sonne Geröteten und die Blassen; und auf ihren Gesichtern sah er ein Licht der Sehnsucht und der Fragen.

Und einer sprach und sagte: »Meister, das Leben hat unsere Hoffnungen und Wünsche bitter enttäuscht. Unsere Herzen sind bekümmert, und wir verstehen nicht. Ich bitte dich, tröste uns und erschließe uns den Sinn unserer Sorgen.«

Und Mitleid rührte an sein Herz, und er sagte: »Das Leben ist älter als alles Lebendige; so wie die Schönheit beflügelt war, bevor das Schöne auf Erden geboren wurde, und so wie die Wahrheit Wahrheit war, ehe sie ausgesprochen wurde.

Das Leben singt in unserem Schweigen und träumt in unserem Schlummer. Selbst wenn wir am Boden und niedergeschlagen sind, thront das Leben in der Höhe. Und wenn wir weinen, lächelt das Leben den Tag an, und es ist frei, auch wenn wir an unseren Ketten zerren.

Oftmals geben wir dem Leben bittere Namen, aber nur, wenn wir selbst bitter und düster sind. Und wir halten es für leer und nutzlos, aber nur, wenn die Seele zu trostlosen Orten wandert und das Herz trunken ist von übermäßiger Selbstbesinnung.

Das Leben ist tief und hoch und fern; und wenngleich selbst euer weitester Blick nur bis zu seinen Füßen reicht, so ist es doch nahe: Auch wenn nur der Atem eures Atems sein Herz erreicht, und der Schatten eures Schattens sein Gesicht streift, und das Echo eures leisesten Schreis zu einem Frühling und einem Herbst in seiner Brust wird.

Und das Leben ist verschleiert und verborgen, so wie euer größeres Selbst verborgen und verschleiert ist. Doch wenn das Leben spricht, werden alle Winde zu Worten; und wenn es wieder spricht, werden auch das Lächeln auf euren Lippen und die Tränen in euren Augen zu Worten. Wenn es singt, hören die Tauben und lauschen gebannt; und wenn es des Weges kommt, sehen die Blinden es, sind verblüfft und folgen ihm in Verwunderung und Erstaunen.«

Und er hörte auf zu sprechen, und eine große Stille umfing das Volk, und in der Stille erklang ein ungehörtes Lied, und sie waren getröstet in ihrer Einsamkeit und ihrem Schmerz.

Und er verließ sie alsbald und folgte dem Weg, der zu seinem Garten führte, welcher der Garten seiner Mutter und seines Vaters war, in dem sie schliefen, sie und ihre Vorfahren.

Und es gab jene, die ihm gern gefolgt wären, da sie sahen, dass es eine Heimkehr war und er allein war, denn es war keiner von seinen Verwandten verblieben, der das Fest der Begrüßung nach der Art seines Volkes hätte ausrichten können.

Aber der Kapitän seines Schiffes riet ihnen:

»Lasst ihn seines Weges ziehen. Denn sein Brot ist das Brot der Einsamkeit, und in seinem Becher ist der Wein des Erinnerns, den er allein trinken will.«

Und seine Seeleute hielten inne, denn sie wussten, dass es so war, wie der Kapitän des Schiffes gesagt hatte. Und alle, die sich auf der Kaimauer versammelt hatten, fesselten die Füße ihres Wunsches.

Nur Karima ging ihm ein kleines Stück nach, voller Sehnsucht nach seinem Alleinsein und seinen Erinnerungen. Und sie sprach nicht, sondern kehrte um und ging in ihr eigenes Haus, und im Garten unter dem Mandelbaum weinte sie, ohne zu wissen, warum.

Und Almustafa kam und fand den Garten seiner Mutter und seines Vaters, und er ging hinein und verschloss das Tor, dass niemand ihm nachkäme.

Und er verbrachte vierzig Tage und vierzig Nächte allein in dem Haus und in dem Garten, und niemand kam, nicht einmal zum Tor, denn es war verschlossen, und alles Volk wusste, dass er allein sein wollte.

Und als die vierzig Tage und Nächte um waren, öffnete Almustafa das Tor, damit sie hineingehen konnten.

Und es kamen neun Männer, um mit ihm im Garten zu sein: drei Seeleute von seinem Schiff, drei, die im Tempel gedient hatten, und drei, die seine Spielkameraden gewesen waren, als sie noch Kinder waren. Und dies waren seine Jünger.

Und eines Morgens saßen seine Jünger um ihn herum, und in seinen Augen lagen Weite und Erinnerungen. Und jener Jünger, der Hafiz genannt wurde, sagte zu ihm: »Meister, erzähle uns von der Stadt Orphalese und von dem Land, in dem du zwölf Jahre lang geweilt hast.«

Almustafa schwieg und blickte in die Ferne zu den Hügeln und in den weiten Äther, und in seinem Schweigen tobte ein Kampf.

Dann sagte er: »Meine Freunde und Weggefährten, habt Mitleid mit dem Volk, das voller Glauben und bar aller Religion ist.

Habt Mitleid mit dem Volk, das ein Tuch trägt, das es nicht webt, ein Brot isst, das es nicht erntet, und einen Wein trinkt, der nicht aus seiner eigenen Kelter fließt.

Habt Mitleid mit dem Volk, das den Tyrannen als Helden preist und den schimmernden Eroberer für großzügig hält.

Habt Mitleid mit dem Volk, das eine Leidenschaft im Traum verachtet und sich ihr im Wachen unterwirft.

Habt Mitleid mit dem Volk, das seine Stimme nur dann erhebt, wenn es in einem Leichenzug geht, und das sich nur inmitten seiner eigenen Ruinen rühmt, und das erst aufbegehren wird, wenn sein Hals zwischen Schwert und Richtblock liegt.

Habt Mitleid mit dem Volk, dessen Staatsmann ein Fuchs, dessen Philosoph ein Gaukler, und dessen Kunst die Kunst des Flickens und Nachäffens ist.

Habt Mitleid mit dem Volk, das seinen neuen Herrscher mit Trompeten begrüßt und ihn mit Buhrufen verabschiedet, nur um einen anderen wieder mit Trompeten zu begrüßen.

Habt Mitleid mit dem Volk, dessen Weise vor Alter verstummt sind und dessen starke Männer noch in der Wiege liegen.

Habt Mitleid mit dem Volk, das in Teile zersplittert ist, von denen sich jedes für ein eigenes Volk hält.«

Und einer sagte: »Sprich zu uns von dem, was sich gerade in deinem eigenen Herzen bewegt.«

Und er schaute diesen einen an, und in seiner Stimme war ein Klang wie der Gesang eines Sterns, und er sagte: »In eurem Wachtraum, wenn ihr still seid und auf euer tieferes Selbst hört, fallen und rieseln eure Gedanken wie Schneeflocken und kleiden alle Klänge eurer Räume in weiße Stille.

Und was sind Wachträume anderes als Wolken, die am Himmelsbaum eures Herzens knospen und erblühen? Und was sind eure Gedanken anderes als die Blütenblätter, die der Wind eures Herzens über die Hügel und Felder streut?

Und so wie ihr auf den Frieden wartet, bis das Formlose in euch Gestalt annimmt, so wird sich die Wolke ballen und dahintreiben, bis die gesegneten Finger ihr graues Verlangen zu kleinen kristallenen Sonnen und Monden und Sternen formen.«

Da ergriff Sarkis, der Halbzweifler, das Wort und sagte: »Aber der Frühling wird kommen, und all der Schnee unserer Träume und unserer Gedanken wird schmelzen und nicht mehr sein.«

Und er antwortete und sagte: »Wenn der Frühling kommt, um seine Geliebte unter den schlummernden Hainen und Weinbergen zu suchen, wird der Schnee in der Tat schmelzen und in Rinnsalen zum Fluss im Tal fließen, um den Myrtenbäumen und dem Lorbeer den Becher zu reichen.

So wird der Schnee eures Herzens schmelzen, wenn euer Frühling kommt, und so wird euer Geheimnis in Rinnsalen fließen, um den Fluss des Lebens im Tal zu suchen. Und der Fluss wird euer Geheimnis umfangen und es forttragen zum weiten Meer.

Alle Dinge werden schmelzen und zu Liedern werden, wenn der Frühling kommt. Selbst die

Sterne, die unermesslichen Schneeflocken, die sacht auf die größeren Gefilde fallen, werden zu singenden Strömen schmelzen. Geht die Sonne Seines Antlitzes erst am weiten Horizont auf, welche gefrorene Symmetrie wollte sich dann nicht in flüssige Melodie verwandeln? Und wer von euch wollte dann nicht der Myrte und dem Lorbeer den Becher reichen?

Es ist erst gestern gewesen, dass ihr euch mit der wogenden See wogtet, und ihr wart ohne Ufer und ohne ein Selbst. Dann wob Wind, der Atem des Lebens, euch zu einem Schleier aus Licht auf seinem Gesicht; dann fasste seine Hand euch und gab euch Gestalt, und mit hoch erhobenem Haupt strebtet ihr nach den Höhen. Doch die See folgte euch nach, und ihr Gesang ist noch immer bei euch. Und obwohl ihr eure Herkunft vergessen habt, wird sie für immer ihre Mutterschaft behaupten und euch auf ewig zu sich rufen.

Auf euren Wanderungen durch die Berge und die Wüste werdet ihr euch immer an die Tiefe ihres kühlen Herzens erinnern. Und auch wenn ihr oft nicht wissen werdet, wonach ihr euch sehnt: Es ist ihr gewaltiger und rhythmischer Frieden.

Und wie könnte es anders sein? Im Hain und in der Laube, wenn der Regen in den Blättern auf dem Hügel tanzt, wenn Schnee fällt, ein Segen und ein Bündnis; im Tal, wenn ihr eure Herden zum Fluss führt; auf euren Feldern, wo Bäche wie

Silbernähte das grüne Gewand zusammenfügen; in euren Gärten, wenn der Frühtau den Himmel widerspiegelt; auf euren Wiesen, wenn der Abendnebel euren Weg halb verschleiert – an all diesen Orten ist die See bei euch, eine Zeugin eures Erbes und um eure Liebe einzufordern.

Sie ist die Schneeflocke in euch, die zur See hinabrinnt.«

Und eines Morgens, als sie im Garten spazieren gingen, erschien vor dem Tor eine Frau, und es war Karima, die Almustafa in seiner Jugend wie eine Schwester geliebt hatte. Und sie stand draußen, fragte nichts und klopfte auch nicht an das Tor, sondern blickte nur sehnsüchtig und traurig in den Garten.

Und Almustafa sah die Sehnsucht auf ihren Augenlidern, und mit raschen Schritten kam er zur Mauer und zum Tor und öffnete ihr, und sie trat ein und wurde willkommen geheißen.

Und sie sprach und sagte: »Warum hast du dich ganz von uns zurückgezogen, so dass wir nicht im Licht deines Antlitzes leben können? Denn sieh doch, so viele Jahre haben wir dich geliebt und sehnsüchtig auf deine sichere Rückkehr gewartet. Und nun rufen die Menschen nach dir und möchten mit dir reden; und ich bin ihre Botin, gekommen, um dich zu bitten, dass du dich den Menschen zeigst und aus deiner Weisheit zu ihnen sprichst und diejenigen mit gebrochenen Herzen tröstest und uns in unserer Torheit belehrst.«

Er sah sie an und sagte: »Nenn mich nicht weise, wenn du nicht alle Menschen weise nennst. Ich bin eine junge Frucht, die sich noch an den Zweig klammert, und es ist erst gestern gewesen, dass ich nur eine Blüte war.

Und nenn keinen von euch töricht, denn in Wahrheit sind wir weder weise noch töricht. Wir sind grüne Blätter am Baum des Lebens, und das Leben selbst ist jenseits der Weisheit und gewiss jenseits der Torheit.

Und habe ich mich wirklich von euch zurückgezogen? Weißt du nicht, dass es keine Entfernung gibt außer der, welche die Seele in ihrer Einbildung nicht überbrückt? Und wenn die Seele diese Entfernung überbrückt, wird sie zu einem Rhythmus in der Seele.

Der Raum, der zwischen dir und deinem nahen unbekannten Nachbarn liegt, ist in der Tat größer als der, der zwischen dir und deinem Geliebten liegt, der jenseits der sieben Länder und sieben Meere weilt.

Denn in der Erinnerung gibt es keine Entfernungen; und nur im Vergessen liegt eine Kluft, die weder deine Stimme noch dein Auge überbrücken kann.

Zwischen den Ufern der Ozeane und dem Gipfel des höchsten Berges gibt es einen geheimen Weg, den du gehen musst, ehe du mit den Kindern der Erde eins wirst.

Und zwischen deinem Wissen und deinem Verstand gibt es einen geheimen Weg, den du entdecken musst, ehe du eins mit der Menschheit und damit eins mit dir selbst wirst.

Zwischen deiner rechten Hand, die gibt, und deiner linken Hand, die empfängt, ist eine große Leere. Nur indem du sie beide als gebend und als empfangend betrachtest, kannst du die Leere aufheben, denn nur wenn du weißt, dass du nichts zu geben und nichts zu empfangen hast, kannst du den Raum überwinden.

Wahrlich, die größte Entfernung ist die, die zwischen deinen Traumbildern und deinem Wachsein liegt; und zwischen einer bloßen Tat und einem Wunsch.

Und noch einen anderen Weg gibt es, den du gehen musst, ehe du mit dem Leben eins wirst. Aber von diesem Weg will ich jetzt nicht sprechen, da ich sehe, dass du des Wanderns schon müde bist.«

Dann ging er mit der Frau hinaus, er und die neun, bis zum Marktplatz, und er sprach zu den Leuten, seinen Freunden und seinen Nachbarn, und es war Freude in ihren Herzen und in ihren Augen.

Und er sprach: »Ihr wachst im Schlaf und lebt euer erfüllteres Leben in euren Träumen. Denn alle eure Tage verbringt ihr damit, für das zu danken, was ihr in der Stille der Nacht empfangen habt.

Ihr denkt und sprecht oft von der Nacht als der Zeit der Ruhe, doch in Wahrheit ist die Nacht die Zeit des Suchens und Findens.

Der Tag verleiht euch die Kraft der Erkenntnis und lehrt eure Finger die Kunst des Empfangens; aber es ist die Nacht, die euch zum Schatzhaus des Lebens führt.

Die Sonne lehrt alle Dinge, die wachsen, die Sehnsucht nach dem Licht. Doch es ist die Nacht, die sie zu den Sternen emporhebt.

Es ist in der Tat die Stille der Nacht, die einen Brautschleier über die Bäume im Wald und die Blumen im Garten webt und dann das üppige Festmahl aufträgt und das Hochzeitsgemach vorbereitet; und in dieser heiligen Stille wird das Morgen im Schoß der Zeit empfangen.

So ist es auch mit euch, und ebenso, durch Suchen, findet ihr Speise und Erfüllung. Und wenn auch im Morgengrauen euer Erwachen die Erinnerung auslöscht, so bleibt doch die Tafel der Träume für immer gedeckt, und das Hochzeitsgemach erwartet euch.«

Und er schwieg eine Weile, und sie ebenso und warteten auf sein Wort. Dann sprach er wieder und sagte: »Ihr seid Geister, auch wenn ihr euch in Körpern bewegt; und wie Öl, das im Dunkeln brennt, seid ihr Flammen, auch wenn ihr in Lampen verschlossen seid.

Wenn ihr nichts wäret als Leiber, dann wäre, dass ich vor euch stehe und zu euch spreche, nichts als Leere, so wie ein Toter die Toten anruft. Aber so ist es nicht. Alles in euch, das unsterblich ist, ist frei bei Tag und Nacht und kann weder eingesperrt noch gefesselt werden, denn das ist der Wille des Höchsten. Ihr seid Sein Atem, gleich dem Wind, der weder gefangen noch eingeschlossen werden kann. Und auch ich bin der Atem Seines Atems.«

Und mit schnellen Schritten verließ er ihre Mitte und betrat wieder den Garten.

Und Sarkis, der Halbzweifler, sprach und sagte: »Und was ist mit der Hässlichkeit, Meister? Du sprichst nie von Hässlichkeit.«

Und Almustafa antwortete ihm, und es klang ein Peitschenknall in seinen Worten, als er sagte:

»Mein Freund, wer wird dich ungastlich nennen, wenn er an deinem Haus vorbeigeht, aber nicht an deine Tür klopfen will?

Und wer wird dich für taub und unaufmerksam halten, wenn er in einer fremden Sprache zu dir spricht, die du nicht verstehst?

Hältst du nicht den für hässlich, den du nie zu erreichen suchtest, in dessen Herz du nie eindringen wolltest?

Wenn es Hässlichkeit gibt, dann ist sie nichts als die Schuppen auf unseren Augen und das Wachs in unseren Ohren.

Nenne nichts hässlich, mein Freund, außer der Furcht einer Seele angesichts ihrer eigenen Erinnerungen.«

Und eines Tages, als sie in den langen Schatten der Silberpappeln saßen, sprach einer: »Meister, ich habe Angst vor der Zeit. Sie geht über uns hinweg und raubt uns unsere Jugend, und was gibt sie uns dafür?«

Und er antwortete und sprach: »Nimm nun eine Handvoll guter Erde auf. Findest du darin einen Samen und vielleicht einen Wurm? Wäre deine Hand groß und ausdauernd genug, könnte aus dem Samen ein Wald und aus dem Wurm eine Engelsschar werden. Und vergiss nicht, dass die Jahre, die Samen zu Wäldern und Würmer zu Engeln machen, zu diesem Jetzt gehören, all die Jahre gehören genau zu diesem Jetzt.

Und was sind die Jahreszeiten anderes als der Wandel deiner eigenen Gedanken? Der Frühling ist ein Erwachen in deiner Brust und der Sommer nichts als ein Erkennen deiner eigenen Fruchtbarkeit. Ist der Herbst nicht das Alte in dir, das dem, was noch ein Kind in deinem Wesen ist, ein Schlaflied singt? Und was, frage ich dich, ist der Winter anderes als ein Schlaf, reich an Träumen von den anderen Jahreszeiten?«

Und dann sah Mannus, der wissbegierige Jünger, sich um und sah blühende Pflanzen, die sich an die Platane klammerten. Und er sagte: »Sieh dir die Schmarotzer an, Meister. Was sagst du über sie? Sie sind Diebe mit müden Augenlidern, die den standhaften Kindern der Sonne das Licht stehlen und sich an dem Saft, der durch deren Zweige und Blätter fließt, bereichern.«

Und er antwortete ihm und sagte: »Mein Freund, wir sind alle Schmarotzer. Wir, die wir uns abmühen, den Acker in pulsierendes Leben zu verwandeln, sind nicht besser als diejenigen, die das Leben direkt vom Acker empfangen, ohne den Acker zu kennen.

Sollte eine Mutter etwa zu ihrem Kind sagen: ›Ich gebe dich dem Wald zurück, deiner größeren

Mutter, denn du ermüdest meinen Leib und meine Seele‹?

Oder sollte der Sänger sein eigenes Lied tadeln und sagen: ›Kehre zurück in die Höhle des Echos, aus der du gekommen bist, denn deine Stimme raubt mir den Atem‹?

Und sollte der Hirte zu seinem Jährling sagen: ›Ich habe keine Weide, auf die ich dich führen könnte, darum sollst du zurückgelassen und geopfert werden‹?

Nein, mein Freund, alle diese Fragen sind beantwortet, ehe sie gestellt werden, und wie deine Träume erfüllen sie sich, ehe du einschläfst.

Wir leben voneinander gemäß dem uralten und zeitlosen Gesetz. Lasst uns so in liebender Güte leben. Wir suchen einander in unserer Einsamkeit, und wir gehen auf die Straße, wenn wir keinen Herd haben, an dem wir sitzen können.

Meine Freunde und Brüder, die breitere Straße ist euer Mitmensch.

Diese Pflanzen, die an dem Baum leben, trinken in der süßen Stille der Nacht Milch von der Erde, und die Erde saugt in ihren ruhigen Träumen an der Brust der Sonne.

Und die Sonne sitzt, genau wie du und ich und alles, was es gibt, uns ebenbürtig an der Festtafel des Fürsten, dessen Tür immer offen steht und dessen Tisch immer gedeckt ist.

Mannus, mein Freund, alles, was es gibt, lebt

immer von allem, was es gibt, und alles, was es gibt, lebt in grenzenlosem Vertrauen von der Freigebigkeit des Allerhöchsten.«

Und eines Morgens, als der Himmel noch blass von der Morgendämmerung war, gingen sie alle zusammen im Garten umher und schauten gen Osten und waren still im Angesicht der aufgehenden Sonne.

Und nach einer Weile deutete Almustafa mit der Hand und sagte: »Das Bild der Morgensonne in einem Tautropfen ist nicht geringer als die Sonne. Das Spiegelbild des Lebens in deiner Seele ist nicht geringer als das Leben.

Der Tautropfen spiegelt das Licht, weil er eins mit dem Licht ist, und ihr spiegelt das Leben, weil ihr und das Leben eins seid.

Wenn Dunkelheit um euch ist, sagt: ›Diese Dunkelheit ist die Morgendämmerung, die noch nicht geboren ist; und wenn ich auch die Wehen der Nacht durchleiden muss, so wird mir doch die Morgendämmerung geboren werden, ebenso wie den Hügeln.‹

Der Tautropfen, der sich in der Dämmerung der Lilie zur Kugel formt, ist so wie ihr, die ihr eure Seele im Herzen Gottes sammelt.

Sollte ein Tautropfen sagen: ›Nur ein Mal in tausend Jahren bin ich ein Tautropfen‹, so antwortet ihr ihm: ›Weißt du denn nicht, dass das Licht all dieser Jahre in deinem Rund leuchtet?‹«

Eines Abends kam ein großer Sturm über den Ort, und Almustafa und seine Jünger, die neun, gingen hinein und saßen um das Feuer und schwiegen.

Da sagte einer der Jünger: »Ich bin allein, Meister, und die Hufe der Stunden schlagen schwer auf meine Brust.«

Da erhob sich Almustafa, stellte sich in ihre Mitte und sagte mit einer Stimme, die dem Rauschen eines großen Windes glich: »Allein! Und wenn schon. Du bist allein gekommen, und allein wirst du in den Nebel gehen.

Darum trink deinen Kelch allein und in Stille. Die Herbsttage haben anderen Lippen andere Kelche gereicht und sie mit bitterem und süßem Wein gefüllt, so wie sie auch deinen Kelch gefüllt haben.

Trink deinen Kelch allein, auch wenn er nach deinem eigenen Blut und deinen Tränen schmeckt, und preise das Leben für das Geschenk des Durstes. Denn ohne Durst ist dein Herz nur das Ufer eines unfruchtbaren Meeres, ohne Gesang und ohne Gezeiten.

Trink deinen Kelch allein, und trinke ihn mit Jubel.

Erhebe ihn hoch über dein Haupt und trinke inbrünstig auf die, die allein trinken.

Einst suchte ich die Gesellschaft der Menschen und saß mit ihnen an ihren Tischen und trank ausgiebig mit ihnen; aber ihr Wein stieg mir nicht zu Kopf, noch floss er in meine Brust. Er sickerte nur zu meinen Füßen hinab. Meine Weisheit vertrocknete, und mein Herz war verschlossen und versiegelt. Nur meine Füße waren bei ihnen in ihrem Nebel.

Und ich suchte nicht mehr die Gesellschaft der Menschen und trank keinen Wein mehr mit ihnen an ihrer Tafel.

Darum sage ich dir: Wenn auch die Hufe der Stunden schwer auf deine Brust schlagen, was soll's? Es ist gut für dich, deinen Kelch des Kummers allein zu trinken, und deinen Kelch der Freude sollst du ebenfalls allein trinken.«

Und eines Tages, als Phardrous, der Grieche, im Garten wandelte, stieß er mit dem Fuß an einen Stein, und er wurde zornig. Und er wandte sich um, hob den Stein auf und sagte mit leiser Stimme: »Oh totes Ding auf meinem Weg!«, und schleuderte den Stein fort.

Und Almustafa, der Auserwählte und Geliebte, sagte: »Warum sagst du: ›Oh totes Ding‹? Du bist schon so lange in diesem Garten und weißt nicht, dass es hier nichts Totes gibt? Alle Dinge leben und leuchten in der Erkenntnis des Tages und in der Majestät der Nacht. Du und der Stein seid eins. Es gibt nur einen Unterschied, euren Herzschlag. Dein Herz schlägt ein wenig schneller, nicht wahr, mein Freund? Ja, aber dafür ist es nicht so friedlich.

Sein Rhythmus mag ein anderer sein, aber ich sage dir, wenn du die Tiefen deiner Seele auslotest und die Höhen des Weltraumes erklimmst, wirst du eine Melodie hören, und in dieser Melodie singen der Stein und der Stern, der eine mit dem anderen, in vollkommenem Einklang.

Wenn meine Worte dein Verstehen nicht erreichen, dann warte bis zum nächsten Morgengrauen. Wenn du diesen Stein verflucht hast, weil du in deiner Blindheit über ihn gestolpert bist, dann könntest du auch einen Stern verfluchen, sollte dein Kopf am Himmel an ihn stoßen. Aber der Tag wird kommen, an dem du Steine und Sterne sammeln wirst, so wie ein Kind Maiglöckchen pflückt, und dann wirst du wissen, dass all diese Dinge lebendig sind und duften.«

Und am ersten Tag der Woche, als der Klang der Tempelglocken an ihre Ohren drang, sprach einer und sagte: »Meister, wir hören hier viel von Gott reden. Was sagst du über Gott, und wer ist Er in Wahrheit?«

Und er stand vor ihnen wie ein junger Baum, ohne Furcht vor Wind und Sturm, und er antwortete und sprach: »Denkt euch, meine Gefährten und Geliebten, ein Herz, das all eure Herzen enthält, eine Liebe, die all eure Lieben umfasst, einen Geist, der all eure Geister einhüllt, eine Stimme, die all eure Stimmen umschließt, und ein Schweigen, das tiefer ist als all euer Schweigen und zeitlos.

Strebt nun danach, in eurem Ich-Bewusstsein eine Schönheit wahrzunehmen, die bezaubernder ist als alles Schöne, ein Lied, das gewaltiger ist als die Lieder des Meeres und des Waldes, eine Majestät auf einem Thron, für die Orion nichts als ein Fußschemel ist und die ein Zepter hält, in dem die Plejaden nichts sind als das Glitzern von Tautropfen.

Ihr habt stets nur Nahrung und Obdach, ein Gewand und einen Stab gesucht; sucht jetzt Einen, der weder eine Zielscheibe für eure Pfeile ist noch eine steinerne Höhle, die euch vor den Elementen schützt.

Und wenn meine Worte ein Fels und ein Rätsel sind, so sucht dennoch, auf dass eure Herzen brechen und eure Fragen euch führen mögen zur Liebe und Weisheit des Höchsten, den die Menschen Gott nennen.«

Und jeder Einzelne von ihnen schwieg und sie waren in ihren Herzen verwirrt; und Almustafa hatte Mitleid mit ihnen, und er sah sie mit Zärtlichkeit an und sagte: »Lasst uns lieber von den Göttern sprechen, euren Nachbarn und euren Brüdern, den Elementen, die sich um eure Häuser und eure Felder bewegen.

In eurer Vorstellung möchtet ihr zu den Wolken emporsteigen und haltet sie für hoch, und ihr möchtet das gewaltige Meer überqueren und meint, es sei weit. Aber ich sage euch: Wenn ihr einen Samen in die Erde sät, erreicht ihr eine größere Höhe, und wenn ihr eurem Nachbarn die Schönheit des Morgens verkündet, überquert ihr ein gewaltigeres Meer.

Zu oft singt ihr Gott, dem Unendlichen, und hört doch in Wahrheit das Lied nicht. Würdet ihr doch auf die Singvögel hören und auf die Blätter, die den Zweig verlassen, wenn der Wind vorüberweht, und nicht vergessen, meine Freunde, dass diese nur singen, wenn sie vom Zweig getrennt sind!

Noch einmal bitte ich euch, nicht so freimütig von Gott zu sprechen, der euer Alles ist, sondern lieber miteinander zu reden und euch untereinander zu verstehen, von Nachbar zu Nachbar, von Gott zu Gott.

Denn wer sollte das Küken im Nest füttern, wenn die Vogelmutter in den Himmel fliegt? Und welche Anemone auf dem Feld sollte Erfüllung finden, wenn sie nicht durch eine Biene von einer anderen Anemone befruchtet wird?

Nur wenn ihr in eurem kleineren Selbst verloren seid, sucht ihr den Himmel, den ihr Gott nennt. Ich wünschte, ihr würdet Wege in euer gewaltiges Selbst finden; ich wünschte, ihr wäret weniger träge und würdet die Wege zu Straßen ausbauen!

Meine Seeleute und meine Freunde, es wäre klüger, weniger von Gott zu sprechen, den wir nicht verstehen können, und mehr voneinander, die wir uns vielleicht verstehen. Aber ich möchte, dass ihr wisst, dass wir der Atem und der Duft Gottes sind. Wir sind Gott, im Blatt, in der Blüte und oft auch in der Frucht.«

Und eines Morgens, als die Sonne hoch stand, kam einer der Jünger, einer der drei, die in seiner Kindheit mit ihm gespielt hatten, zu ihm und sagte: »Meister, mein Gewand ist verschlissen, und ich habe kein anderes. Erlaube mir, auf den Markt zu gehen und zu handeln, damit ich mir vielleicht neue Kleidung besorgen kann.«

Und Almustafa sah den jungen Mann an und sagte: »Gib mir dein Gewand.« Und er tat es und stand nackt in der Mittagshitze.

Und Almustafa sagte mit einer Stimme wie ein

junges Ross, das die Straße hinuntergaloppiert: »Nur die Nackten leben in der Sonne. Nur die Arglosen reiten auf dem Wind. Und nur derjenige, der sich tausendmal verirrt, wird nach Hause finden.

Die Engel sind der Klugen müde. Und erst gestern sagte ein Engel zu mir: ›Wir haben die Hölle für die Glänzenden erschaffen. Was anderes als Feuer kann eine glänzende Oberfläche auslöschen und ein Ding bis auf seinen Kern schmelzen?‹

Und ich sagte: ›Aber indem ihr die Hölle erschaffen habt, habt ihr die Teufel erschaffen, um die Hölle zu regieren.‹ Doch der Engel antwortete: ›Nein, die Hölle wird von denen regiert, die sich dem Feuer nicht beugen.‹

Weiser Engel! Er kennt die Wege der Menschen und die Wege der Halbmenschen. Er ist einer der Seraphim, die den Propheten Beistand leisten, wenn sie von den Klugen in Versuchung geführt werden. Und zweifellos lächelt er, wenn die Propheten lächeln, und weint auch, wenn sie weinen.

Meine Freunde und meine Seeleute, nur die Nackten leben in der Sonne. Nur die Ruderlosen können das weite Meer befahren. Nur wer mit der Nacht im Dunkeln liegt, wird mit der Morgendämmerung erwachen, und nur wer mit den Wurzeln unter dem Schnee schläft, wird den Frühling erleben.

Denn ihr seid so wie Wurzeln, und wie Wurzeln seid ihr schlicht, aber ihr zieht Weisheit aus der

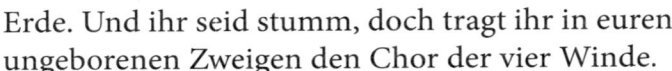

Erde. Und ihr seid stumm, doch tragt ihr in euren ungeborenen Zweigen den Chor der vier Winde.

Ihr seid zart und formlos, doch ihr seid der Beginn der riesigen Eichen und die Vorzeichnungen des Weidenmusters am Himmel.

Noch einmal sage ich: Ihr seid nur Wurzeln zwischen der dunklen Erde und dem bewegten Himmel. Und oft habe ich gesehen, wie ihr euch erhoben habt, um mit dem Licht zu tanzen, aber ich habe auch gesehen, wie ihr scheu wart. Alle Wurzeln sind scheu. Sie haben ihr Herz so lange versteckt, dass sie nicht wissen, was sie mit ihrem Herzen anfangen sollen.

Doch es wird wieder Mai werden, und der Mai ist eine ruhelose Jungfrau, und sie wird die Hügel und Ebenen gebären.«

Und einer, der im Tempel gedient hatte, flehte ihn an und sagte: »Lehre uns, Meister, dass unsere Worte so sind wie deine Worte, ein Gesang und ein Weihrauch für die Menschen.«

Und Almustafa antwortete und sprach: »Ihr sollt euch über eure Worte erheben, aber euer Weg soll ein Rhythmus und ein Duft bleiben; ein Rhythmus für Liebende und für alle, die geliebt werden, und ein Duft für diejenigen, die ihr Leben in einem Garten verbringen möchten.

Doch sollt ihr euch über eure Worte hinaus zu einem Gipfel erheben, auf den der Sternenstaub fällt, und ihr sollt eure Hände aufhalten, bis sie gefüllt sind; dann sollt ihr euch hinlegen und schlafen wie ein weißer Jungvogel in einem weißen Nest, und ihr sollt von eurem Morgen träumen, wie weiße Veilchen vom Frühling träumen.

Ja, und ihr sollt tiefer hinabsteigen als eure Worte. Ihr sollt die verschollenen Quellen der Ströme suchen, und ihr sollt eine verborgene Höhle sein, in der die leisen Stimmen der Tiefe widerhallen, die ihr jetzt noch nicht einmal hört.

Ihr sollt tiefer hinabsteigen als eure Worte, ja, tiefer als alle Töne, bis ins Herz der Erde, und dort sollt ihr allein sein mit Ihm, der auch auf der Milchstraße wandelt.«

Und nach einiger Zeit fragte ihn einer der Jünger: »Meister, sprich zu uns vom Sein. Was bedeutet es, zu sein?«

Und Almustafa sah ihn lange an und liebte ihn. Und er stand auf und entfernte sich ein Stück von ihnen; dann kehrte er zurück und sagte: »In diesem Garten liegen mein Vater und meine Mutter, begraben von den Händen der Lebenden; und in diesem Garten liegen die Samen des vergangenen Jahres begraben, die auf den Flügeln des Windes hierhergetragen wurden. Tausendmal werden meine Mutter und mein Vater hier begraben sein, und tausendmal wird der Wind die Samen begraben; und in tausend Jahren werden du und ich und diese Blumen genauso wie jetzt in diesem Garten zusammenkommen, und wir werden sein und das Leben lieben, und wir werden sein und vom Weltall träumen, und wir werden sein und der Sonne entgegengehen.

Heute aber, jetzt, bedeutet zu sein, weise zu sein, doch ohne den Toren fremd zu sein; es bedeutet, stark zu sein, doch nicht zum Schaden der Schwachen; mit kleinen Kindern zu spielen, nicht wie Väter, sondern vielmehr wie Spielkameraden, die ihre Spiele lernen wollen;

Alten Männern und Frauen gegenüber schlicht und arglos zu sein, und mit ihnen im Schatten der alten Eichen zu sitzen, obwohl ihr selbst noch mit dem Frühling wandelt;

Einen Dichter aufzusuchen, auch wenn er jenseits der sieben Flüsse lebt, und in seiner Gegenwart zufrieden zu sein, nichts zu vermissen, nichts zu bezweifeln, und keine Frage auf den Lippen zu haben;

Zu wissen, dass der Heilige und der Sünder Zwillingsbrüder sind, deren Vater unser Gnädiger König ist, und dass der eine nur einen Augenblick vor dem anderen geboren wurde, weshalb wir ihn als den Kronprinz betrachten;

Der Schönheit zu folgen, auch wenn sie euch an den Rand des Abgrunds führt; und obwohl sie geflügelt ist und ihr flügellos seid, und obwohl sie über den Abgrund hinwegfliegen wird, folgt ihr, denn wo die Schönheit nicht ist, da ist nichts;

Ein Garten ohne Mauern zu sein, ein Weinberg ohne Hüter, ein Schatzhaus, das Vorübergehenden offen steht;

Beraubt, betrogen, getäuscht, ja, in die Irre geführt und gefangen und dann verspottet zu werden, doch bei alledem von der Höhe eures größeren Selbst herabzuschauen und zu lächeln, wissend, dass es einen Frühling gibt, der in euren Garten kommen wird, um in euren Blättern zu tanzen, und einen Herbst, um eure Trauben reifen zu lassen; wissend, dass wenn auch nur eines eurer Fenster nach Osten geöffnet ist, ihr niemals Mangel leiden werdet; wissend, dass all jene, die als Übeltäter und Räuber, Betrüger und Täuscher gelten, eure Brüder in der Not sind, und dass ihr in den Augen der gesegneten Bewohner jener unsichtbaren Stadt, die über dieser Stadt liegt, vielleicht all dies selbst seid.

Und nun zu euch, die ihr mit euren Händen alles fertigt und sammelt, was für das Wohlbefinden unserer Tage und Nächte notwendig ist:

Zu sein bedeutet, ein Weber mit sehenden Fingern zu sein und ein Baumeister, der auf Licht und Raum achtet; ein Pflüger zu sein, der spürt, dass er mit jedem Samen, den er sät, einen Schatz versteckt; ein Fischer und ein Jäger zu sein, der Mitleid mit den Fischen und den Tieren hat, aber noch mehr Mitleid mit den hunger- und notleidenden Menschen.

Und vor allem sage ich dies: Ich wünschte, ihr alle würdet euch zusammentun zum Wohle der Gemeinschaft, denn nur so könnt ihr hoffen, euer eigenes gutes Ziel zu erreichen.

Meine Gefährten und meine Geliebten, seid kühn und nicht kleinlaut; seid weit- und nicht engherzig; und seid bis zu meiner und eurer letzten Stunde wahrhaftig euer größeres Selbst.«

Und dann verstummte er, und es senkte sich eine tiefe Düsternis über die Neun, und ihre Herzen wandten sich von ihm ab, denn sie verstanden seine Worte nicht.

Und seht, die drei Männer, die Seeleute waren, sehnten sich nach dem Meer; und die, die im Tempel gedient hatten, verzehrten sich nach dessen Trost und Geborgenheit; und die, die seine Spielkameraden gewesen waren, verlangte es nach dem Marktplatz. Sie alle waren taub für seine Worte, sodass deren Klänge zu ihm zurückkehrten wie müde und heimatlose Vögel auf der Suche nach Zuflucht.

Und Almustafa entfernte sich im Garten ein Stück von ihnen und sagte nichts und sah sie nicht an.

Und sie begannen, sich untereinander auszutauschen, und suchten Entschuldigungen für ihren Wunsch, fortzugehen.

Und seht, sie wandten sich ab und ein jeder ging zu sich nach Hause, sodass Almustafa, der Auserwählte und Geliebte, allein zurückblieb.

Und als die Nacht vollends hereingebrochen war, schritt er zum Grab seiner Mutter und setzte sich unter die Zeder, die über der Stätte wuchs. Und es ging der Schatten eines gewaltigen Lichtes über den Himmel, und der Garten glänzte wie ein heller Edelstein an der Brust der Erde.

Und Almustafa rief in der Einsamkeit seines Geistes aus:

»Schwer beladen ist meine Seele mit ihren eigenen reifen Früchten. Wer möchte kommen und davon nehmen und satt werden? Gibt es nicht einen, der fastete und ein gütiges und großzügiges Herz hat, der kommen und sein Fasten mit meinen ersten Gaben an die Sonne brechen und mich so von der Last meines eigenen Überflusses befreien mag?

Meine Seele ist übervoll mit dem Wein der Zeitalter. Gibt es keinen Durstigen, der kommen und trinken mag?

Seht, es war einmal ein Mann, der an der Kreuzung stand und seine Hände den Vorübergehenden entgegenstreckte, und seine Hände waren mit Juwelen gefüllt. Und er rief die Vorübergehenden an und sagte: ›Habt Mitleid mit mir und nehmt von mir. In Gottes Namen, nehmt aus meinen Händen und tröstet mich.‹

Aber die Vorübergehenden sahen ihn nur an, und keiner nahm etwas aus seiner Hand.

Er wäre besser ein Bettler gewesen, der seine Hand ausstreckt, um etwas zu empfangen – ja, eine zitternde Hand, die leer in seinen Schoß zurücksinkt –, als dass er sie voller reicher Gaben ausstreckt und niemanden findet, der daraus empfangen möchte.

Und seht, es war auch einmal ein gütiger Fürst, der seine seidenen Zelte zwischen dem Berg und der Wüste aufschlug und seinen Dienern befahl, Feuer zu entzünden als Zeichen für den Fremden und den Wanderer; und der seine Sklaven aussandte, um die Straße zu beobachten, damit sie einen Gast herbeibringen könnten. Aber die Straßen und die Wege in der Wüste waren unnachgiebig, und sie fanden niemanden.

Der Fürst wäre besser ein Mann von nirgendwo und nirgendwann auf der Suche nach Nahrung und Obdach gewesen, der Wanderer mit nichts als seinem Stab und einem irdenen Gefäß. Denn dann hätte er bei Einbruch der Nacht seinesgleichen getroffen und die Dichter von nirgendwo und nirgendwann, und hätte mit ihnen ihr Bettlerdasein und ihre Erinnerungen und ihre Träume geteilt.

Und seht, einmal erwachte die Tochter des großen Königs aus ihrem Schlaf und legte ihr seidenes Gewand an und ihre Perlen und Rubine, und sie streute Moschus auf ihr Haar und tauchte ihre Finger in Ambra. Dann stieg sie von ihrem Turm hinab in ihren Garten, wo der Tau der Nacht ihre goldenen Sandalen benetzte.

In der Stille der Nacht suchte die Tochter des großen Königs im Garten nach Liebe, aber im ganzen unermesslichen Reich ihres Vaters gab es niemanden, der sie liebte.

Wäre sie besser die Tochter eines Pflügers gewesen, die dessen Schafe auf dem Feld hütet und am Abend, den Staub der kurvigen Wege an ihren Füßen und den Duft der Weinberge in den Falten ihres Gewandes, in das Haus ihres Vaters zurückkehrt.

Und sobald die Nacht hereinbricht und der Engel der Nacht über die Welt kommt, hätte sie sich fortgestohlen hinunter zum Flusstal, wo ihr Geliebter sie erwartet hätte.

Wäre sie doch besser eine Nonne in einem Kloster, die ihr Herz zu Weihrauch verbrennt, damit ihr Herz zum Wind aufsteigen und ihren Geist erschöpfen möge, eine Kerze, damit ein Licht zum größeren Licht aufscheinen möge, zusammmen mit all jenen, die anbeten, und jenen, die lieben und geliebt werden.

Wäre sie doch besser eine Frau, alt an Jahren, die in der Sonne sitzt und sich an den erinnert, der ihre Jugend geteilt hat.«

Und es wurde tiefe Nacht, und Almustafa war dunkel vor Nacht, und sein Geist war eine regenschwere Wolke. Und wieder rief er:

»Schwer beladen ist meine Seele mit ihren eigenen reifen Früchten;

Schwer beladen ist meine Seele mit ihren Früchten.

Wer wird nun kommen und essen und gesättigt sein?

Meine Seele quillt über von ihrem Wein.

Wer wird sich einschenken und trinken und von der Wüstenhitze erfrischt werden?

Ach wäre ich doch ein Baum ohne Blüten und ohne Früchte,

Denn der Schmerz des Überflusses ist bitterer als die Unfruchtbarkeit,

Und der Kummer des Reichen, von dem niemand nehmen will,

Ist größer als das Leid des Bettlers, dem niemand geben will.

Ach wäre ich doch ein Brunnen, leer und ausgetrocknet, in den Menschen Steine werfen;

Denn das wäre besser und leichter zu ertragen,
als eine Quelle lebendigen Wassers zu sein,
    An der die Menschen vorübergehen, ohne trinken zu wollen.

Ach wäre ich doch ein Schilfrohr, das zertreten wird,
    Denn das wäre besser, als eine Leier mit silbernen Saiten zu sein
    In einem Haus, dessen Herr keine Finger hat
    Und dessen Kinder taub sind.«

Sieben Tage und sieben Nächte lang kam kein Mensch in die Nähe des Gartens, und er war allein mit seinen Erinnerungen und seinem Schmerz; denn selbst jene, die seine Worte mit Liebe und Geduld gehört hatten, waren zu den Beschäftigungen des Alltags zurückgekehrt.

Nur Karima kam, das Schweigen wie ein Schleier auf ihrem Gesicht, mit einem Becher und einem Teller in ihrer Hand, Trank und Speise für seine Einsamkeit und seinen Hunger. Und nachdem sie ihm dies vorgesetzt hatte, ging sie ihres Weges.

Und Almustafa begab sich wieder zu den Silberpappeln am Tor und setzte sich nieder und schaute auf die Straße. Und nach einer Weile wurde er
einer Staubwolke gewahr, die über die Straße weh-
te und auf ihn zukam. Und aus der Wolke traten
die Neun, und vor ihnen Karima, die sie anführte.

Und Almustafa ging hinaus und kam ihnen auf
der Straße entgegen, und sie gingen durch das Tor,
und alles war gut, als wären sie erst vor einer Stunde fortgegangen.

Sie traten ein und aßen mit ihm an seiner be-
scheidenen Tafel, nachdem Karima das Brot und
den Fisch aufgetragen und den letzten Wein in
die Becher gegossen hatte. Und während sie ein-
schenkte, bat sie den Meister: »Erlaube mir, dass
ich in die Stadt gehe und Wein hole, um eure Becher aufzufüllen, denn dieser ist aufgebraucht.«

Und er sah sie an, und in seinen Augen waren eine Reise und ein fernes Land, und er sagte:
»Nein, denn für jetzt ist es genug.«

Und sie aßen und tranken und wurden satt.
Und als sie fertig waren, sprach Almustafa mit
einer gewaltigen Stimme, tief wie das Meer und
voll wie eine große Flutwelle unter dem Mond,
und er sagte: »Meine Freunde und Weggefährten,
wir müssen uns heute trennen. Lange haben wir
die steilsten Berge erklommen und mit den Stür-
men gerungen. Wir haben Hunger gekannt, aber
wir haben auch an Hochzeitstafeln gespeist. Oft

sind wir nackt gewesen, aber wir haben auch königliche Gewänder getragen. Wir sind wahrlich weit gereist, jetzt aber scheiden wir. Gemeinsam sollt ihr euren Weg gehen, und allein muss ich den meinen gehen.

Und wenn uns auch die Meere und die weiten Länder trennen, so werden wir dennoch Gefährten sein auf unserer Reise zum Heiligen Berg.

Doch bevor wir getrennte Wege gehen, möchte ich euch die Ernte und die Nachlese meines Herzens schenken:

Geht euren Weg mit Gesang, aber lasst jedes Lied kurz sein, denn nur die Lieder, die jung auf euren Lippen sterben, werden in den Herzen der Menschen weiterleben.

Sprecht eine schöne Wahrheit in wenigen Worten aus, eine hässliche Wahrheit aber in gar keinen Worten. Sagt dem Mädchen, dessen Haar in der Sonne glänzt, dass sie die Tochter des Morgens ist. Wenn ihr aber einen Blinden erblickt, sagt ihm nicht, dass er eins mit der Nacht ist.

Lauscht dem Flötenspieler, als ob ihr dem April lauschtet, aber wenn ihr den Kritiker und den Nörgler sprechen hört, seid so taub wie eure Knochen und so weit entfernt wie eure Fantasie.

Meine Gefährten und meine Geliebten, auf eurem Weg werdet ihr Menschen mit Hufen treffen; gebt ihnen eure Flügel. Und Menschen mit Hörnern; schenkt ihnen Lorbeerkränze. Und Menschen mit Klauen; gebt ihnen Blütenblätter als Finger. Und Menschen mit gespaltenen Zungen, schenkt ihnen Honigworte.

Ja, all diesen und noch anderen werdet ihr begegnen; ihr werdet die Lahmen treffen, die Krücken, und die Blinden, die Spiegel verkaufen. Und ihr werdet die Reichen treffen, die am Tor des Tempels betteln.

Gebt den Lahmen von eurer Schnelligkeit, den Blinden von eurer Sehkraft, und seht zu, dass ihr den reichen Bettlern etwas von euch selbst gebt; sie sind die Bedürftigsten von allen, denn sicher würde niemand seine Hand nach einem Almosen ausstrecken, wenn er nicht wirklich arm wäre, gleichwohl er viel besitzt.

Meine Gefährten und Freunde, ich trage euch bei unserer Liebe auf, unzählige Wege zu sein, die einander in der Wüste kreuzen, dort wo die Löwen und die Kaninchen weilen, und auch die Wölfe und die Schafe.

Und denkt daran: Ich lehre euch nicht das Geben, sondern das Empfangen; nicht die Entsagung, sondern die Erfüllung; und nicht das Nachgeben, sondern das Verstehen, mit einem Lächeln auf den Lippen.

Ich lehre euch nicht das Schweigen, sondern vielmehr ein nicht zu lautes Lied.

Ich lehre euch euer größeres Selbst, das alle Menschen umfasst.«

Und er erhob sich von der Tafel und ging geradewegs hinaus in den Garten und wandelte im Schatten der Zypressen, als der Tag sich neigte. Und sie folgten ihm in einigem Abstand, denn ihr Herz war schwer, und ihre Zunge klebte ihnen am Gaumen.

Nur Karima kam zu ihm, nachdem sie die Reste fortgeräumt hatte, und sagte: »Herr, erlaube mir, dir eine Mahlzeit für den morgigen Tag und deine Reise vorzubereiten.«

Und er sah sie mit Augen an, die andere Welten sahen als diese, und er sagte: »Meine Schwester und meine Geliebte, das ist bereits geschehen, schon seit Anbeginn der Zeit. Speise und Trank sind bereit, für den morgigen Tag ebenso wie für unser Gestern und unser Heute.

Ich gehe, doch sollte ich mit einer Wahrheit gehen, die ich noch nicht ausgesprochen habe, so wird ebendiese Wahrheit mich wieder aufsuchen und einsammeln, mögen auch meine Elemente in der Stille der Ewigkeit verstreut sein, und ich werde wieder vor euch erscheinen, um mit einer Stimme zu sprechen, die aus dem Herzen dieser grenzenlosen Stille neu geboren wurde.

Und sollte es etwas Schönes geben, das ich euch noch nicht verkündet habe, dann werde ich aufs Neue gerufen werden, ja, sogar bei meinem eigenen Namen, Almustafa, und ich werde euch ein Zeichen geben, damit ihr wisst, dass ich zurückgekommen bin, um alles noch Fehlende zu sagen, denn Gott wird nicht zulassen, dass Er vor den Menschen verborgen bleibt, noch dass sein Wort im Abgrund des menschlichen Herzens verschüttet wird.

Ich werde über den Tod hinaus leben, und ich werde in euren Ohren singen,
  Auch nachdem die gewaltige Meereswoge mich zurückgetragen hat
  In die weite Tiefe des Meeres.
  Ich werde an eurer Tafel sitzen, wenn auch ohne einen Körper,
  Und ich werde mit euch auf eure Felder gehen, ein unsichtbarer Geist.
  Ich werde zu euch an eure Feuerstelle kommen, ein ungesehener Gast.
  Der Tod wechselt nur die Masken, die unsere Gesichter bedecken.
  Der Holzfäller wird immer noch ein Holzfäller sein,
  Der Pflüger ein Pflüger,
  Und er, der dem Wind sein Lied sang, wird es auch den bewegten Sphären singen.«

Und die Jünger waren reglos wie Steine und betrübt in ihren Herzen, da er gesagt hatte: »Ich gehe.« Aber keiner streckte die Hand aus, um den Meister aufzuhalten, und keiner folgte seinen Schritten nach.

Und Almustafa verließ den Garten seiner Mutter, und seine Schritte waren flink und lautlos; und innerhalb eines Augenblicks war er, gleich einem wirbelnden Blatt im Wind, weit fort von ihnen, und ihnen war, als sähen sie ein fahles Licht, das in die Höhe stieg.

Und die neun gingen ihrer Wege, die Straße hinunter. Die Frau aber stand noch immer in der hereinbrechenden Nacht und wurde gewahr, dass das Licht und die Dämmerung eins geworden waren, und sie tröstete sich in ihrer Verlassenheit und ihrem Alleinsein mit seinen Worten: »Ich gehe, doch sollte ich mit einer Wahrheit gehen, die ich noch nicht ausgesprochen habe, so wird ebendiese Wahrheit mich wieder aufsuchen und einsammeln, und ich werde wiederkommen.«

Und nun war es Abend.

Und er hatte die Hügel erreicht. Seine Schritte hatten ihn zum Nebel geführt, und er stand zwischen den Felsen und den weißen Zypressen, verborgen vor allen Dingen, und er sprach und sagte:

»O Nebel, meine Schwester, weißer Atem, formlos noch,

Ich kehre zu dir zurück, ein weißer und stimmloser Hauch,

Ein Wort, das noch nicht gesprochen wurde.

O Nebel, meine geflügelte Schwester Nebel, jetzt sind wir zusammen,

Und zusammen werden wir sein bis zum zweiten Tag des Lebens,

Dessen Morgengrauen dich als Tau in einen Garten legen wird

Und mich als Säugling an die Brust einer Frau,

Und wir werden uns erinnern.

O Nebel, meine Schwester, ich kehre zurück,

Ein Herz, das in seine Tiefen lauscht, so wie dein Herz,

Eine Sehnsucht, pochend und ziellos, wie deine Sehnsucht,

Ein Gedanke, noch nicht ganz gefasst, wie dein Gedanke.

O Nebel, meine Schwester, Erstgeborene meiner Mutter,

Meine Hände halten noch die grünen Samen, die du mich verstreuen hießest,

Und meine Lippen sind versiegelt von dem Lied, das du mich singen hießest;

Und ich bringe dir keine Frucht, und ich bringe dir keinen Widerhall,

Denn meine Hände waren blind und meine Lippen unnachgiebig.

O Nebel, meine Schwester, wie sehr liebte ich die Welt, und die Welt mich,

Denn all mein Lächeln war auf ihren Lippen, und all ihre Tränen waren in meinen Augen.

Doch zwischen uns lag eine Kluft aus Schweigen, die sie nicht überbrücken wollte

Und die ich nicht überwinden konnte.

O Nebel, meine Schwester, meine unsterbliche Schwester Nebel,

Ich sang die alten Lieder meinen kleinen Kindern vor,

Und sie lauschten, und Staunen lag auf ihren Gesichtern;

Doch morgen werden sie das Lied vielleicht vergessen,

Und ich weiß nicht, zu wem der Wind das Lied tragen wird.

Und war es auch nicht mein eigenes, rührte es doch an mein Herz

Und weilte für einen Augenblick auf meinen Lippen.

O Nebel, meine Schwester, obgleich dies alles geschah,

Ruhe ich in mir.

Es war genug, für die bereits Geborenen zu singen.

Und auch wenn der Gesang nicht der meine ist,

So kommt er doch aus meines Herzens tiefstem
Sehnen.

O Nebel, meine Schwester, meine Schwester Nebel,
    Ich bin jetzt eins mit dir.
    Nicht länger bin ich ein Selbst.
    Die Mauern sind gefallen,
    Und die Ketten sind zerbrochen;
    Ich steige zu dir auf, ein Nebel,
    Und zusammen werden wir über dem Meer
schweben bis zum zweiten Tag des Lebens,
    Wenn die Morgendämmerung dich als Tau in
einen Garten legen wird
    Und mich als Säugling an die Brust einer Frau.«